A LINGUAGEM FASCISTA

copyright   Carlos Piovezani & Emilio Gentile
edição brasileira©   Hedra 2020
coordenação da coleção   Tales Ab'Sáber

edição   Jorge Sallum
coedição   Suzana Salama
editor assistente   Paulo Henrique Pompermaier
capa   Ronaldo Alves

ISBN   978-85-7715-669-6

Grafia atualizada segundo o Acordo Ortográfico da Língua Portuguesa de 1990, em vigor no Brasil desde 2009.

Direitos reservados em língua portuguesa somente para o Brasil

EDITORA HEDRA LTDA.
R. Fradique Coutinho, 1139 (subsolo)
05416–011 São Paulo SP Brasil
Telefone/Fax +55 11 3097 8304

editora@hedra.com.br
www.hedra.com.br

Foi feito o depósito legal.

A LINGUAGEM FASCISTA
Carlos Piovezani & Emilio Gentile

1ª edição

hedra

São Paulo   2020

▷ **A linguagem fascista**, a partir de uma perspectiva histórica e da exposição do uso da linguagem pelo regime nazista, traça um paralelo entre dois casos emblemáticos da linguagem fascista: os discursos de Benito Mussolini e de Jair Bolsonaro A comparação entre seus desempenhos oratórios expõe ao leitor as propriedades dessa linguagem, seus recursos e seu funcionamento, mas também sua conservação e suas transformações ao passar da Itália do século XX ao Brasil do século XXI. Com base nos estudos do filólogo alemão Victor Klemperer, perscrutam-se aqui os usos linguísticos mais característicos e os aspectos fundamentais da oratória fascista para, assim, compreender esse sistema de produção de crenças, devoções e fanatismos, sejam eles dedicados ao Führer, ao Duce ou ao Mito.

▷ **Carlos Piovezani** é linguista, professor associado do Departamento de Letras e do Programa de Pós-Graduação em Linguística da Universidade Federal de São Carlos e Pesquisador do CNPq. Foi coordenador do PPGL/UFSCar e coordena o Laboratório de Estudos do Discurso (LABOR/UFSCar) e Grupo de estudos em Análise do discurso e História das ideias linguísticas (VOX/UFSCar). É autor de *A voz do povo: uma longa história de discriminações* (Vozes, 2020) e de *Verbo, Corpo e Voz* (Editora UNESP, 2009) e organizador, entre outras, das seguintes obras: *Saussure, o texto e o discurso* (Parábola, 2016), *História da fala pública* (Vozes, 2015), *Presenças de Foucault na Análise do discurso* (EdUFSCar, 2014) e *Legados de Michel Pêcheux* (Contexto, 2011). Foi Professor convidado da École des Hautes Études en Sciences Sociales (EHESS/Paris) e Professor visitante da Universidad de Buenos Aires (UBA). O autor agradece ao CNPq pelo financiamento de suas pesquisas.

▷ **Emilio Gentile** é historiador, professor emérito da Università La Sapienza de Roma e membro da Accademia Nazionale dei Lincei. É considerado um dos mais importantes historiadores do fascismo em todo o mundo. Desde a década de 1970, já publicou dezenas de obras incontornáveis para o estudo do fascismo e traduzidas em vários idiomas. Entre outras, é autor das seguintes publicações: *Le origini dell'ideologia fascista* (Laterza, 1975), *Il mito dello Stato nuovo* (Laterza, 1982), *The Sacralization of Politics in Fascist Italy* (Harvard University Press, 1996), *Fra democrazie e totalitarismi* (Laterza, 2001), *Politics as Religion* (Princeton University Press, 2006), *E fu subito regime. Il fascismo e la marcia su Roma* (Laterza, 2012), *In Italia ai tempi di Mussolini* (Mondadori, 2018), *Quien és fascista* (Alianza Editorial, 2019). Gentile recebeu, entre outras distinções, o prêmio *Hans Sigrist* da Universidade de Berna (2003) e a condecoração *Renato Benedetto Fabrizi* da Associazione Nazionale dei Partigiani d'Italia (2012).

Sumário

A linguagem fascista, *por Carlos Piovezani* 9
Mussolini fala às massas, *por Emilio Gentile*. 53
O nascimento de um orador   53
Constante na metamorfose   59
O orador de história monumental   67
O povo aprendiz   69
Um orador meio estranho   74
A revelação de um homem   77
O «Duce» carismático   83
Discursos do traidor   87
Em busca do carisma perdido   93
O «Duce» da nova Itália   100
Discursos da véspera   103
O «Duce» da revolução   108
O homem do povo   114
O preceptor da nova Itália   120
Diálogo com o povo imortal   122
Discursos do regime   127
O «Duce» e a massa   132
Bolsonaro fala às massas, *por Carlos Piovezani* 141
De capitão ganancioso a vereador populista   141
O deputado falastrão   151
O candidato lacônico   179
O último programa no HGPE   181
«Os marginais vermelhos serão banidos de nossa pátria»   194
O presidente de palavra vã e a necropolítica na presidência   227

A linguagem fascista

> "É preciso falar a língua que o povo entende"
>
> J. G.

A frase não foi dita por alguém que se preocupasse em fazer do povo protagonista de ações e decisões políticas. Diferentemente do que talvez pudéssemos imaginar, foi Joseph Goebbels quem a pronunciou. O ministro da Propaganda do Terceiro Reich e um dos braços direitos de Hitler postulou a necessidade de os líderes nazistas usarem uma linguagem popular desde o começo da ascensão totalitária. Na mesma ocasião, Goebbels disse ainda: "Quem quiser se comunicar com o povo tem de olhar na fuça do povo". A frequente referência ao povo não significava de modo algum que o nazismo tivesse um real interesse em ouvir a sua voz.

Falar às massas para mais bem calar o povo: esta não seria a primeira nem a última vez que assistiríamos a esse perverso expediente. Muitos dos que se dirigem às multidões com o propósito de falar exclusivamente em nome do povo acabam por lhe calar a voz. Trata-se aí de um fenômeno que se repete na história, mas não sem profundas transformações em sua ocorrência em tempos e lugares distintos. Isso porque durante muitos séculos a exclusão da voz e da vez das classes populares se deu por um desprezo quase absoluto de suas dores e queixas, de suas revoltas e reivindicações.

Na medida em que quase nunca são ouvidos, empobrecidos e marginalizados tornam-se mais suscetíveis a ouvir os que se apresentam falando em seu nome. Assim foram produzidas as crenças, as devoções e os fanatismos dedicados ao *Duce*, ao *Führer* e ao *Mito*. Nesse processo, os usos de uma *linguagem fascista* desempenham um papel fundamental. Vítima, espectador e seu mais fecundo analista, o filólogo judeu, Victor Klemperer, testemunhou o poder dessa linguagem: "O nazismo se embrenhou na carne e no sangue das massas por meio de palavras, expressões e frases impostas pela repetição, milhares de vezes, e aceitas inconsciente e mecanicamente".[1]

Já terminada a guerra, Klemperer ainda hesitava em publicar suas reflexões sobre a linguagem nazista. Decidiu fazê-lo, ao ouvir o que uma trabalhadora de Berlim lhe dissera ainda em um campo de refugiados. "Ela era uma pessoa amável e logo percebeu que compartilhávamos o mesmo pensamento político. Revelou que seu marido fora preso por ser comunista. Com uma ponta de orgulho, contou que também passara um ano na prisão. Por que você foi presa? – perguntei. Porque empreguei certas palavras..."[2]

Ao abrir a boca, podemos conquistar ou arruinar nossa liberdade, podemos ganhar a vida ou sucumbir à morte. Vários mitos repetem essa ideia, porque ao fazê-lo os seres humanos respiram, se alimentam e falam. Quando falamos, nossas palavras podem abrir ou fechar portas, podem ampliar nossos horizontes ou aniquilar nossos sonhos. No livro do *Gênesis*, é de lábios abertos que vêm o sopro da vida, as pa-

---

1. Klemperer, V. LTI. *A linguagem do Terceiro Reich*. Rio de Janeiro: Contraponto, 2009, p. 55.
2. Klemperer, 2009, p. 424.

lavras da tentação e o anúncio da queda. A fala cria a existência e sua finitude, gerando assim nossa própria humanidade. Nossa linguagem, portanto, não está somente a serviço do que é útil, belo e justo. Ela pode, ao contrário, servir ao que há de mais nefasto na condição humana: o ódio por seu semelhante, visto como seu pior inimigo. Depois de assistir de perto às atrocidades do nazismo e aos terríveis usos de sua linguagem, Klemperer não têm dúvidas em afirmar que as "palavras podem ser como minúsculas doses de arsênico: são engolidas de maneira despercebida e parecem ser inofensivas; passado um tempo, o efeito do veneno se faz notar".[3]

Mais do que inofensivo, o veneno se apresentava como um suave remédio indicado supostamente para curar as moléstias das classes trabalhadoras e o mal-estar das classes médias. Seu modo de usar compreendia a administração constante de altas e variadas doses de linguagem nazista. Já mencionamos a receita desta última prescrita pelo Dr. Goebbels: falar ao povo e em nome do povo, falar ao povo como o povo fala e pode entender. Com vistas a mais bem compreender em que consiste a linguagem do fascismo, vejamos algumas das principais características dos usos linguísticos do terceiro Reich e alguns dos aspectos mais fundamentais da oratória de Hitler, segundo as descrições de Klemperer.

Os nazistas empregavam palavras estrangeiras com certa frequência em seus discursos, uma vez que muitas pessoas não as entendiam muito bem e se sentiam "mais impactadas justamente porque não compreendiam bem o significado". Este não seria o único aparente paradoxo da linguagem nazista: pregar que é preciso falar de modo que o povo entenda

---

3. Klemperer, 2009, p. 55.

e usar termos estrangeiros que boa parte da população não entendia. A esse se somavam estes outros: sua língua compreendia "desde a absoluta pobreza de espírito até sua abundância exuberante"; a incessante repetição na produção de seus textos e a constante introjeção inconsciente em sua recepção. Uma das passagens de Klemperer que mais bem ilustra essa tentativa de conjugar repetição e inconsciência é a seguinte: "*Mein Kampf*, de Hitler, insiste em afirmar a necessidade de manter a massa na ignorância e explica claramente como intimidá-la contra qualquer reflexão. Um dos principais recursos para isso é martelar sempre, repetidamente, as mesmas teorias simplistas que não podem ser rebatidas."[4]

A linguagem nazista se caracteriza também por alterar o sentido das palavras e a frequência de seu uso. É o que emblematicamente se deu com o significado de "fanático" e com a assiduidade de "povo". De desvairado, "o termo 'fanático' estava assumindo um novo sentido, passando a significar uma feliz mescla de coragem e entrega apaixonada". Por sua vez, a palavra "*Volk* (povo) era empregada nos discursos e nos textos com a mesma naturalidade com que se coloca uma pitada de sal na comida".[5]

Já na imagem do corpo do orador nazista, pouca coisa talvez se destacasse mais do que seus picos de energia e sua rigidez, o aspecto mecânico de seus gestos e o empinamento de sua postura. Em sua voz tanto quanto no tom de sua escrita, ressaltam-se o estilo mais do que enfático, com o qual se tenta excitar e exortar as massas, e as atitudes irônicas e

---

4. Klemperer, 2009, p. 280.
5. Klemperer, 2009, p. 75 e 116.

ferinas, com as quais menosprezam e insultam suas vítimas e seus oponentes. A propósito desses traços da linguagem nazista, Klemperer atesta que

> a linguagem do Terceiro Reich (LTI) não fazia distinção entre oralidade e escrita. Para ela, tudo era discurso, arenga, alocução, invocação, incitamento. O estilo do ministro da Propaganda não distinguia a linguagem do discurso e a linguagem dos textos, razão pela qual era tão fácil declamá-los. *Deklamieren* (declamar) significa literalmente falar alto sem prestar atenção ao que se diz. Vociferar. O estilo obrigatório para todos era berrar como um agitador berra na multidão.
>
> A LTI transforma tudo em apelo e exclamação e usa *ad nauseam* o que podemos chamar de aspas irônicas. Na LTI, o emprego irônico predomina largamente sobre o neutro, pois ela odeia a neutralidade. Precisa ter sempre um adversário a ser rebaixado.[6]

Não dar margem à consciência crítica e sempre eleger um inimigo comum são outras duas características que se amalgamam no pensamento e na linguagem do Terceiro Reich. Além do gosto pela declamação e pela vociferação, os nazistas se valiam também de formas e de conteúdos superlativos para tentar embotar a crítica: "os superlativos são a forma linguística mais usada pela LTI, o que é fácil de compreender, pois o superlativo é o melhor instrumento à disposição do orador e do agitador, a forma propagandística por excelência". Às formas mais canônicas do superlativo se juntam conteúdos que vão na mesma direção. Durante doze anos, os pronunciamentos de Hitler teriam produzido uma recepção total e ideal, segundo a imprensa do Reich, porque

---

[6]. Klemperer, 2009, p. 66 e 133. LTI é a sigla para a linguagem do Terceiro Império, tal como os próprios nazistas também se referiam ao *Reich*.

suas manchetes costumavam repetir à exaustão o seguinte estereótipo oficial: "O mundo escuta o *Führer*". De modo análogo, "quando se vencia uma batalha grande, dizia-se que fora 'a maior batalha da história universal'."[7]

Já a eleição do inimigo comum eleito pelos nazistas é mais do que conhecida e imensamente lamentada. Desde a ascensão de Hitler, os judeus foram vítimas de genocídios e de violências físicas e simbólicas de toda sorte. Menos evidente é a associação entre o ódio aos judeus e a aversão à crítica. Klemperer trata dessa associação, ao assim formular o que chama de "a lei suprema de Hitler": "Não permitas que teu ouvinte chegue a formular qualquer pensamento crítico. Trata tudo de forma simplista! Se falares de diversos adversários, alguém poderia ter a ideia de que talvez seja tu que estejas errado. Reduza todos a um denominador comum, junte-os, crie uma afinidade entre eles! O judeu se presta muitíssimo bem a uma operação desse tipo, muito clara e compatível com a mentalidade popular". Para o eficaz desempenho dessa operação, os usos linguísticos cumprem uma importante função, além de serem indícios das paixões e afetos dos nazistas: "'Judeuzinho' e 'peste negra', são expressões de escárnio e desprezo, mas também de horror e medo angustiado: essas duas formas estilísticas estarão sempre presentes quando Hitler se referir aos judeus em discursos e alocuções."[8]

Há uma presença constante dessas e de outras formas linguísticas, como adjetivos e locuções adjetivas profundamente depreciativos, que de modo quase invariável acompanhavam o uso do substantivo "judeu", tais como "*gerissen*

---

7. Klemperer, 2009, p. 335-336.
8. Klemperer, 2009, p. 272.

(ladino), *listig* (manhoso), *betrügerisch* (fraudulento), *feige* (covarde), *plattfüssig* (que tem pés chatos), *krummnasig* (que tem nariz aquilino), *wasserscheu* (que tem medo de água)". Com essas formas da língua, os nazistas e seus partidários aviltam tanto a alma quanto o corpo dos judeus. Ao fazê-lo, revelam ter uma concepção ao mesmo tempo abjeta e tola do judaísmo. Segundo Klemperer, nessa concepção

> reside grande parte de sua força, pois é a partir dela que ele se une à plebe mais embrutecida, que em plena era da industrialização nem sequer faz parte do proletariado fabril, a uma parte da população rural e sobretudo à massa pequeno-burguesa apinhada nas grandes cidades. Para esses homens e mulheres, a pessoa que se veste de maneira diferente ou fala de outra forma não é uma outra pessoa, e sim um animal de outro curral, com o qual não pode haver acordo, que se deve odiar e enxotar a pontapés.[9]

A diferença é reduzida a medo, repulsa e chacota, e o diálogo, a ódio, violência e extermínio. Não deveríamos jamais subestimar o letal poder da linguagem, porque ele concorre decisivamente para estabelecer "um sentimento instintivo de antagonismo que se opõe a tudo o que é estranho e desperta animosidade tribal", para instaurar uma "consciência de raça que está alojada no estágio primitivo do desenvolvimento humano, e que só será superada quando a horda humana aprender a não mais ver na horda vizinha um bando de animais diferentes."[10]

Depois desse sobrevoo por alguns traços da linguagem do terceiro Reich, passemos agora a examinar certas propriedades da oratória de Hitler. Uma dessas propriedades é a junção

---

9. Klemperer, 2009, p. 273.
10. Klemperer, 2009, 274.

que ele promove em seus pronunciamentos entre histeria e violência da linguagem: "O *Führer* pronuncia algumas frases diante de uma grande assembleia. Cerra o punho, contorce o rosto, sua fala lembra mais o urro de um animal, está mais para um acesso de cólera do que para um discurso". Para Klemperer, essa atitude de Hitler seria o sintoma mais agudo de sua insegurança, uma vez que ele "aparenta ser o todo-poderoso, e talvez seja; porém, a impotência de seu ódio aparece nos gestos e no timbre da voz". Os excessos lhe indicariam uma falta. Picos vocais enérgicos e repetições gestuais mais do que agitadas são sintomas da falta de segurança do *Führer*: "Alguém anunciaria assim, tão reiteradamente, um reinado milenar e a eliminação dos opositores, caso se sentisse seguro quanto à duração desse reino e ao extermínio dos opositores?"[11]

Estaríamos equivocados, caso acreditássemos que tais excessos, agitações e inseguranças decorressem de alguma negligência na preparação e na execução dos discursos de Hitler. Ao relatar a experiência de uma escuta pelo rádio de um programa da propaganda nazista, Klemperer destaca justamente todo o esmero dispensado aos preparativos para emoldurar perfeitamente o desempenho oratório do *Führer*: "Primeiro, o barulho das sirenes soava como um uivo por toda a Alemanha; depois o minuto de silêncio, também em todo o país. Em seguida, sem grande originalidade, mas realizado com muita perfeição, vinha tudo o que era necessário para criar uma moldura para o discurso de Hitler". Eis como Klemperer descreve mais detalhadamente essa experiência de escuta:

---

11. Klemperer, 2009, p. 77.

Em uma fábrica Siemens, durante minutos, barulho ensurdecedor da empresa, marteladas, ruídos em geral, alvoroço retumbante, assobios e rangidos. Ouve-se então a sirene, o canto e o silenciar gradativo das rodas, que vão parando. Emergindo do silêncio, a voz grave de Goebbels anuncia mensagem. Somente então surge Hitler, durante três quartos de hora. Foi a primeira vez que ouvi um discurso completo dele. Na maior parte a voz soava muito agitada, esganiçada, às vezes, rouca. Só que dessa vez muitas passagens eram pronunciadas em tom de lamúria, como se ele fosse o pregador de uma seita. Prega a paz, elogia a paz, quer o 'sim' da Alemanha, não por ambição pessoal, mas para poder preservar a paz, repelindo os ataques de uma cambada internacional de negocistas desenraizados que, em nome dos lucros de maneira inescrupulosa, atiçam povos uns contra os outros, milhões de pessoas...

Tudo isso, inclusive o estudado tom de voz, as interrupções calculadas para enfatizar ('os judeus!'), tudo eu já conhecia de longa data. Mas, a despeito do caráter repisado e da hipocrisia evidente, que até mesmo um surdo perceberia, o ritual tinha sua eficácia renovada por causa da originalidade de detalhes bem concebidos...[12]

As coisas ditas, os modos de dizer e mesmo os silêncios de Hitler concorrem para estabelecer e reforçar o que seria sua estreita ligação com Deus: "o *Führer* reiterou o seu relacionamento estreito com a divindade, sua condição especial de eleito e filho de Deus, sua missão religiosa". Ainda quando de sua triunfal ascensão, Hitler faz um pronunciamento em junho de 1937, no qual afirma o seguinte: "A Providência nos conduz, agimos conforme a vontade do Onipotente. Ninguém pode fazer a história dos povos e do mundo se não contar com a bênção da Providência Divina". Antes disso, logo no início de 1932, Hitler havia feito um discurso

---

12. Klemperer, 2009, p. 86–87.

no Palácio de Esportes, que motivou a seguinte anotação de Goebbels em seu diário: "No final, seu discurso assume um *pathos* oratório maravilhoso e inacreditável, que termina com um 'amém'. Dá a tudo um ar tão natural que as pessoas se comovem e se sensibilizam profundamente... as massas do Palácio de Esportes ficam tomadas por um frenesi...". A nota de Goebbels é assim comentada por Klemperer: "O 'amém' mostra claramente que esse é um discurso de caráter religioso e pastoral. E a frase 'dá a tudo um ar tão natural', redigida por um ouvinte mais experiente, permite concluir que Hitler fez muito uso da retórica, conscientemente". Ao comentário se acrescenta ainda o seguinte: "Quem se dispuser a ler as receitas para sugestionar as massas, ensinadas pelo próprio Hitler em *Mein Kampf*, não terá dúvidas sobre a sedução deliberada, baseada no registro religioso".[13]

Às coisas ditas se somam as formas de dizer e os silêncios na construção dos laços estreitos entre Hitler e o campo religioso: "O fato de que culmine em uma dimensão religiosa deve-se, pois, em primeiro lugar, a determinadas expressões linguísticas tomadas especificamente do cristianismo e também, em grande medida, porque seus discursos assumem o tom e a ênfase de uma prédica". O *Führer* discursa outra vez e Goebbels novamente lhe dedica uma anotação em seu diário: "Todos se emocionam profundamente quando no acorde final do discurso ouve-se a poderosa 'oração de graças' holandesa, cuja última estrofe é coberta pelo repicar dos sinos da Catedral de Königsberg. Graças ao rádio, esse hino é transmitido pelo espaço celestial para toda a Alemanha". Uma oração, os dobres dos sinos e as ondas do rádio elevam a fala de Hitler à

---

13. Klemperer, 2009, p. 188.

condição de uma manifestação da própria divindade. Ele fala com certa frequência, porém, não o fez incessantemente. A intermitência, o silêncio e repercussão da doutrina pela boca de outrem convergem para a produção de um efeito religioso:

O *Führer* não pode nem deve falar todos os dias. A divindade tem de ocupar um trono sobre as nuvens, e seus pronunciamentos devem ser feitos mais pela boca dos sacerdotes do que pela própria. No caso de Hitler, essa é uma vantagem adicional, pois seus amigos e servidores podem erigi-lo em salvador de maneira ainda mais firme e com maior desenvoltura, venerando-o ininterruptamente e em coro. Sob a prepotência reinante, ninguém pôde contradizê-lo jamais.[14]

Não ser contestado para ser mais bem obedecido, eis o ideal regime de escuta dos que falam a língua fascista. Para alcançar tal objetivo, os nazistas não se valeram somente de um único meio. Não foi apenas a eleição de Hitler como um salvador, mediante o que ele próprio e seus sacerdotes diziam, mediante o modo como o faziam e ainda mediante o silêncio quase divino do *Führer*, que contribuiu para arrefecer o pensamento crítico de muitos e para silenciar a voz da objeção de outros tantos. Outro recurso retórico fundamental para abalar os públicos ouvintes e lhes provocar uma recepção anuente foram as constantes e súbitas mudanças de estilo oratório no interior de um mesmo pronunciamento. Klemperer chamou esse recurso de combinar alternada e repentinamente estilos quentes e frios, simples e elevados, de "ducha escocesa":

---

14. Klemperer, 2009, p. 190.

O ápice da retórica nazista não está nessa contabilidade que separa cultos e incultos, e impressiona as massas com pedaços de erudição. O grande desempenho, aquele em que a maestria de Goebbels é incomparável, consiste em misturar elementos estilísticos heterogêneos. Não, esse não é o termo exato. O que Goebbels faz é saltar subitamente de um extremo a outro, do erudito ao plebeu, do tom sóbrio e racional para o sentimentalismo das lágrimas contidas com esforço, da simplicidade de um Fontane ou da vulgaridade berlinense para o tom patético do defensor da fé e do profeta. O efeito é como uma reação da pele, fisicamente eficaz, similar àquele produzido pela ducha escocesa e seu choque térmico: primeiro quente, depois frio. O sentimento do ouvinte nunca está em repouso, é constantemente jogado de um lado para outro, de modo que o espírito crítico não tem tempo de se recompor.[15]

A despeito da eficiência da ducha escocesa oratória aplicada pelos nazistas, Klemperer conseguiu manter o espírito crítico para mais bem descrever, interpretar e compreender a linguagem fascista. Duas outras ocasiões de fala lhe deram ensejo para efetuar uma comparação. Na manhã de um domingo de outubro de 1932, atendendo ao convite que lhe fora feito pelo Consulado italiano da cidade de Dresden, ele foi ao cinema para assistir ao filme *Dez anos de fascismo*. Era a primeira vez que Klemperer via e ouvia o *Duce* falar, em um filme que considerou ser uma obra-prima. Vejamos qual foi sua impressão a respeito do Mussolini orador:

Mussolini discursa do alto do balcão do palácio de Nápoles para a multidão espalhada no chão; imagens do povo e grandes imagens do orador se alternam, apresentando as palavras de Mussolini e a aclamação da multidão à qual se dirige. Pode-se ver como o *Duce*, relaxando depois de cada pequena pausa, volta a dar à face e ao corpo

---

15. Klemperer, 2009, p. 384–385.

uma expressão de energia máxima e de tensão. A exaltação do pregador aparece no tom de voz de ritual eclesiástico, lançando frases curtas, como fragmentos litúrgicos, diante das quais obtém reações emocionadas de todos, sem qualquer esforço mental, mesmo que não captem o sentido das palavras, ou justamente por não terem capacidade para captá-lo.

A boca é gigantesca. De vez em quando faz gestos tipicamente italianos com os dedos. A massa, exultante, grita entusiasmada. Assobia de maneira alvoroçada, especialmente quando o nome do inimigo é mencionado. Repete o gesto de saudação fascista, o braço estendido para o alto.[16]

Quatro meses mais tarde, Klemperer ouviria pela primeira vez a voz de Hitler. Ele já havia se tornado chanceler da Alemanhã, mas em março de 1933 ocorreriam eleições que lhe confirmariam ou não o cargo. Houve preparativos em larga escala para aquele pleito, o que incluiu até mesmo o incêndio do Parlamento. Naquele cenário, o sucesso eleitoral de Hitler era dado como certo. Foi nesse contexto que ele falou ao vivo na rádio de Königsberg "demonstrando certeza na vitória". Na fachada do hotel da principal estação ferroviária de Dresden, havia um alto-falante que transmitia esse seu discurso. Ali "uma multidão delirante se apertava". O pronunciamento de Mussolini no Palácio de Nápoles e este discurso de Hitler em Königsberg foram comparados por Klemperer. Eis uma passagem que resume essa sua comparação:

Que diferença havia em relação ao modelo de Mussolini!

Era visível o esforço físico que o *Duce* fazia para imprimir energia às frases, o empenho para manter a massa aos seus pés, mas em sua língua materna ele se expressava livremente, a ela se entregava,

---

16. Klemperer, 2009, p. 102.

apesar do desejo de dominar. Mesmo tropeçando entre a oratória e a retórica, o *Duce* permanecia um orador, sem contorções nem convulsões. Hitler queria sempre aparecer, ou como bajulador ou cheio de sarcasmo — dois registros pelos quais gostava de transitar. Hitler falava, ou melhor, gritava em convulsões. Até mesmo no máximo de exaltação é possível manter certa dignidade e algum bem-estar interior, um sentimento de autoconfiança e de estar em harmonia consigo mesmo e com os demais. Esses aspectos faltavam a Hitler, que desde o começo era um retórico consciente, retórico por princípio. Não se sentia seguro nem mesmo em situação de triunfo, fustigava com seu linguajar aos adversários e as ideias contrárias. Não tinha compostura, sua voz não possuía musicalidade, o ritmo das frases açoitava a si mesmo e aos demais.

Sua condição de espectador e de vítima do regime nazista contribuiu para que Klemperer se tornasse um precursor e o mais fecundo analista da linguagem do Terceiro Reich. A proximidade com as atrocidades totalitárias lhe proporcionou a observação e o exame de fenômenos, fatores e aspectos que talvez pudessem passar despercebidos. Foi a conjunção entre a adjacência e a sagacidade que lhe permitiu notar como a linguagem foi decisiva para a ascensão de Hitler e para sua consolidação no poder.[17] Assim, o filólogo judeu alemão pôde observar o papel desempenhado pelos usos e recursos da língua, do corpo e da voz dos nazistas para introjetar as minúsculas e poderosíssimas "doses de arsênico", que envenenou boa parte dos alemães e tornou possível um dos

---

17. Outra testemunha da época, o médico foniatra, Alexis Wicart, afirmou o seguinte a propósito de Hitler: "O surgimento do *Führer* é uma conquista vocal e infeliz dele, caso sua grande voz se torne rouca. Com efeito, Hitler tem somente a veemência do gesto e do verbo, aos quais se acrescentam as forças vivas do despotismo" (Wicart, Alexis. *Les puissances vocales*. 2 volumes. Paris: Éditions Vox, 1935, p. 5).

maiores genocídios já vistos na história ocidental. Com base em suas descrições, podemos perceber que não lhe escapou a importância das tecnologias de linguagem: o microfone e os alto-falantes, o rádio e o cinema.[18]

Próximo dos eventos e dos atores, Klemperer viu de perto o que se lhe apresentavam como as semelhanças e as diferenças entre o *Duce* e o *Führer*. Por um lado, "*Führer* é a tradução alemã de *Duce*, a camisa marrom é uma variação da camisa negra italiana, a saudação alemã é uma imitação da saudação fascista. A própria cena do discurso do *Führer* diante do povo reunido copia o modelo de propaganda italiano". Por outro, havia uma diferença em relação ao modelo de Mussolini, pois, enquanto o "*Duce* permanecia um orador, sem contorções nem convulsões", por sua vez, "Hitler falava, ou melhor, gritava em convulsões".[19] A despeito de sua pertinência e de todo esclarecimento que essas indicações aportam, não podemos perder de vista que a proximidade que lhes enseja também compreende limites. Não vemos as mesmas coisas nem o fazemos de modo idêntico, se as olhamos de perto ou de longe, se as inscrevemos em uma ou outra temporalidade histórica. De certo modo, a contiguidade e a curta duração tendem a nos fazer enxergar mais as diferenças entre fenô-

---

18. Não sem certo lamento, como se a intermediação tecnológica implicasse a perda de uma aura, Wicart também notara a presença da tecnologia de linguagem e a modificação que ela produzira: "Sem alto-falantes e sem microfones, foram feitos os verdadeiros discursos de Hitler, pronunciados de improviso, em meio às dificuldades das lutas em que esteve envolvido, antes de chegar ao poder. Agora, ele utiliza o alto-falante e o microfone, em circunstâncias específicas, nas quais se encontra diante de multidões de mais de 200.000 espectadores" (Wicart, 1935, p. 125).

19. Klemperer, 2009, p. 102 e 106.

menos, processos e agentes, ao passo em que a distância e as médias e longas durações históricas facilitam a identificação de suas semelhanças.

Após o valioso trabalho de Klemperer nos ter apresentado uma análise da linguagem do Terceiro Reich e dos recursos retóricos mobilizados por Hitler, podemos aqui anunciar a proposta deste livro: um estudo histórico de dois casos emblemáticos da *linguagem fascista*. Sua leitura proporcionará um cotejamento entre os discursos de *Benito Mussolini* e de *Jair Bolsonaro*. A comparação entre seus desempenhos oratórios permitirá ao leitor mais bem conhecer as propriedades dessa linguagem, seus recursos e seu funcionamento, mas também sua conservação e suas transformações, ao passar da Itália das primeiras décadas do século XX ao Brasil do século XXI. Assim, poderemos avançar na compreensão dos fascistas de ontem e dos de nossos dias e de seus antigos e atuais modos de falar às massas para mais bem calar o povo e seus porta-vozes.

Para calar a voz do povo, para silenciar opositores e para fazer aceitar o aniquilamento de seus adversários, o fascismo de ontem investia principalmente um carisma distintivo e tradicional em seu orador, já o de nossos tempos vale-se sobretudo de um carisma *pop* daquele que fala às massas. Mais ou menos esquematicamente, se poderia dizer que aquele falava com grande energia depositada em seu corpo, em sua língua e em sua voz e com uma aparente firmeza de caráter e de valores, para se impor como um superior sobre o povo, enquanto este, por seu turno, tenta lhe falar de modo natural e autêntico, ainda que também enérgico, e de forma simples e clara, para se aproximar do povo, como se fosse uma pessoa comum.

Esse esquematismo na exposição de fascismos europeus de ontem e do brasileiro de hoje não deve recobrir a complexidade dos fenômenos nem a condição compósita de cada líder fascista. Isso não impede que possamos destacar os traços mais predominantes de cada um. De modo semelhante à opção pelo estilo oratório da "ducha escocesa", há na propaganda fascista do começo até meados do século XX o uso do modelo do "grande homem comum", ou seja, de um líder que se apresenta como "alguém que sugere tanto onipotência quanto a ideia de que é apenas um de nós".[20] Na que recentemente emergiu e grassou entre nós, foi, antes, forjado um perfil comum, autêntico e autoritário.

Em um caso, usa-se uma língua mais ou menos próxima e distinta da do povo para lhe dirigir a palavra e comandá-lo. Já no outro, fala-se a língua do povo para falar ao povo, supostamente no intuito de fazê-lo em seu nome e certamente a fim de mais bem conduzi-lo. O *Duce* e o *Führer* se apresentavam como líderes que exerciam um comando vertical com base em sua autoridade fabricada pela violência física e simbólica, agindo, se comportando e falando como homens de uma elite, ao passo em que o *Mito* se apresenta como um porta-voz, que exerce uma condução horizontal com base em sua tramada proximidade com as classes populares, produzida pelo que seria sua coragem de dizer a verdade sem papas na língua, agindo, se comportando e falando como um homem do povo.

Em ambos os casos, nos diferentes fascismos, o povo é "apenas uma ficção teatral". Contudo, essa ficção e suas práticas de linguagem, seus regimes de fala e de escuta não

---

20. Adorno, Theodor. A teoria freudiana e o padrão da propaganda fascista. Disponível no *Blog da Boitempo*, 25 de outubro de 2018.

ocorrem de modo idêntico em diferentes contextos históricos. "Não precisamos mais da Piazza Venezia ou do estádio de Nuremberg. Em nosso futuro, desenha-se um populismo qualitativo de tevê ou internet, no qual a resposta emocional de um grupo selecionado de cidadãos pode ser apresentada e aceita como 'a voz do povo' ".[21] Essa passagem de Umberto Eco se encontra no décimo terceiro traço do que ele designa como "o fascismo eterno". Trata-se ali de indicar que uma das características do fascismo é sua condição de um "populismo qualitativo", ou seja, um regime de governo no qual "os indivíduos enquanto indivíduos não têm direitos, e o 'povo' é concebido como uma qualidade, uma entidade monolítica que exprime a 'vontade comum'. Como nenhuma quantidade de seres humanos pode ter uma vontade comum, o líder se apresenta como seu intérprete".[22] Esta é a razão pela qual nesse populismo fascista o povo nada mais é do que "uma ficção teatral".

De nossa exposição das principais características da linguagem do terceiro Reich e dos aspectos mais fundamentais da oratória de Hitler, do anúncio de nosso objetivo neste livro e dessa passagem de Eco que acabamos de ler, poderiam derivar as seguintes questões: quais são as demais características do fascismo? Como se pode distingui-lo do populismo e da demagogia? É excessivo chamar as práticas políticas do bolsonarismo e os desempenhos oratórios de Bolsonaro de fascistas? Como nosso propósito aqui não é o de responder diretamente a essas perguntas, mas o de expor dois estudos históricos de caso – o de Mussolini e o de Bolsonaro, como orado-

---

21. Eco, Umberto. *O fascismo eterno*. Rio de Janeiro / São Paulo: Record, 2018, p. 56–57.
22. Eco, 2018, p. 55.

res que se propuseram a falar ao povo – para mais bem compreender o que disseram, suas maneiras de dizer, os meios de fazer circular as coisas ditas e as formas de infundir a crença nos que lhes ouviram, nos limitaremos a comentá-las e a eventualmente responder-lhes, respeitando a finalidade deste nosso estudo. Para tanto, comecemos com a primeira.

Em inúmeras passagens de seu livro, Klemperer aponta a onipresença de um anti-intelectualismo entre os nazistas. Em seu programa pedagógico, Hitler "coloca o preparo físico em primeiríssimo lugar", enquanto "a formação intelectual e seu conteúdo científico ficam por último, sendo admitidos a contragosto, com desconfiança e desprezo".[23] Uma faceta correlata ao desprezo pelos universos intelectual, científico e artístico é "o culto da ação pela ação": "a ação é bela em si e, portanto, deve ser realizada antes de e sem nenhuma reflexão. Pensar é uma forma de castração. Por isso, a cultura é suspeita na medida em que é identificada com atitudes críticas".[24] Para o fascismo, a complexidade deve ser banida, e a réplica crítica e o desacordo são vistos como uma traição.

Também seria uma propriedade fascista a doutrina da guerra total. Nela, "tudo é espetáculo bélico, o heroísmo militar pode ser encontrado em qualquer fábrica, em qualquer porão. Crianças, mulheres e idosos morrem a mesma morte heroica, como se estivessem no campo de batalha, com frequência usando o mesmo uniforme desenhado para jovens solda-

---

23. Klemperer, 2009, p. 39-40. Entre outras tantas, poderíamos ainda citar as seguintes: "o nacional-socialista rejeita profundamente a atividade de pensar sistematicamente, pois, por instinto, de preservação, ele precisa execrar o pensamento sistemático"; "filosofar é uma atividade da razão, do raciocínio lógico, que o nazismo considera o pior inimigo". (Klemperer, 2009, p. 170 e 232).

24. Eco, 2018, p. 47-48.

dos no *front*".[25] Assim, o pacifismo passa a ser "conluio com o inimigo". Isso porque no fascismo "não há luta pela vida, mas antes 'vida para a luta'; o pacifismo é mau porque a vida é uma guerra permanente".[26] Nessa obsessão pela guerra total, se delineia outro traço da cosmovisão fascista: o gosto pela uniformização. Deseja-se a padronização dos pensamentos, das ações e das formas de expressão. O fascismo "cresce e busca o consenso utilizando e exacerbando o natural medo da diferença"[27] e produz igualmente uma tal uniformização da linguagem que os brutamontes da Gestapo e os judeus perseguidos, adeptos e opositores, beneficiários e vítimas, todos seguiam os mesmos modelos linguísticos em suas conversas.[28]

A crença na irracionalidade das massas e a necessidade de se lhes impor um líder e um salvador são outros dois traços do fascismo. Entre ambas, há um vínculo sólido e estreito. Ao fato de que a "doutrina nazista acredita na estupidez das massas, consideradas incapazes de raciocinar", responde o modo como o *Führer*, o *Duce* e o *Mito* se apresentam: "Todos os meios de comunicação tinham anunciado: 'Cerimônia das 13 às 14 horas. Na décima terceira hora Hitler comparecerá para encontrar os trabalhadores'. É a linguagem do evangelho. O Senhor, o Salvador vem para os pobres e para os que perderam o rumo. Adolf Hitler, o salvador, aparece para os trabalhadores na cidade de Siemens". Mas reponde igualmente a forma como são recebidos, como líderes infalíveis, nos quais se deve depositar uma fé cega e inquebrantável. Já no pós-guerra, Klemperer, quando trabalhava em um centro

---

25. Klemperer, 2009, p. 42.
26. Eco, 2018, p. 52.
27. Eco, 2018, p. 49–50.
28. Klemperer, 2009, p. 51.

de reabilitação dos arrependidos adeptos do Terceiro Reich, reencontra um ex-aluno e antigo membro do Partido Nazista. O diálogo entre eles se encerra assim:

– Então por que você não está sendo reabilitado?
– Porque não solicitei nem posso fazê-lo.
– Não entendo.
Pausa. Depois, com dificuldade, os olhos baixos:
– Não posso negar, eu acreditava nele.
– Mas é impossível que continue a acreditar. Você vê no que deu; e, agora, todos os crimes hediondos estão expostos à luz do dia.
Pausa ainda mais longa. Então, bem baixinho:
– Concordo com tudo o que o senhor diz. Foram os outros que não o compreenderam que o traíram. Mas nele, NELE, eu ainda acredito.[29]

Esboçar brevemente alguns pontos de aproximação e de distanciamento entre fascismo, populismo e demagogia exige concebê-los como produções históricas. Parece haver uma quase invariância neste fenômeno: sujeitos, grupos e classes sociais bem estabelecidos, que pressupõem ou dão a impressão de pressupor uma série de incapacidades da participação popular mais ou menos direta nas decisões e ações políticas, pretendem reduzir essa participação, conservar um *status quo* ou retroagir a um estado de menor dinâmica democrática e igualitária. Para fazê-lo, elegem um líder para falar às massas, adulá-las e manipulá-las, de modo que apoiem a abolição dessa dinâmica que lhes favorece. Ante a relativamente

---

[29]. Klemperer, 2009, p. 87 e 198 (destaque do autor). Eco também ressalta esse vínculo entre incapacidade das massas e dominação do líder como um dos traços do fascismo: "O líder sabe que sua força se baseia na debilidade das massas, tão fracas que têm necessidade e merecem um 'dominador'." (2018, p. 53).

constante reaparição disso que parece ser um mesmo fenômeno, é preciso conhecer a especificidade de suas diferentes emergências em tempos, lugares e contextos diversos.

O mais antigo registro conhecido da palavra "demagogia" se encontra na comédia *Os cavaleiros*, de Aristófanes, que foi pela primeira vez encenada em 424 a. C. Sua presença nesse texto indica que já havia um uso relativamente corrente da palavra para designar a prática política sob a forma dos debates e das deliberações na assembleia. A princípio, tratava-se, portanto, de um termo mais ou menos neutro "que se carrega de traços negativos pelo modo como os novos políticos, provenientes das camadas baixas, praticam a *demagogia*". Numa das passagens da peça de Aristófanes, cujo título se refere à classe mais bem quista por seu autor, isto é, os cavalheiros atenienses, um servo incita deste modo um salsicheiro, com pretensões políticas e com o apoio dos aristocratas, a enfrentar um emergente líder popular chamado Paflagon: "Conquiste o povo com saborosas iguarias verbais. Você tem todos os requisitos para a demagogia: uma voz repugnante, origens baixas e vulgaridade. Você tem tudo de que precisa para fazer política".[30]

Infelizmente, os princípios igualitários que marcam a democracia e sua abertura a porta-vozes populares encontraram já em seu nascimento perversos e poderosos detratores. O próprio termo "democracia" foi concebido para menosprezar o regime de governo baseado na igualdade entre os cidadãos e na vontade popular: "a palavra democracia foi inventada para afirmar que o poder de uma assembleia de homens iguais só

---

30. Aristófanes citado por Canfora, Luciano. Demagogia. In: *Serrote*, vol. 10 (Suplemento "Alfabeto" letra D). Rio de Janeiro: IMS, 2012, p. 12.

podia ser a confusão de uma turba informe e barulhenta".[31] Ao lado de Aristófanes, outros célebres e anônimos antidemocratas contribuíram para deslocar a carga semântica negativa de democracia para o termo "demagogia" e seus correlatos "demagógico" e "demagogo". Naquele contexto, a participação popular era concebida pelos aristocratas como uma decadência. Desde fins do século V a. C. até o período helênico, um dos principais atores da política ateniense é justamente o povo, a massa dos que não eram proprietários de terra ou de outros bens econômicos. Por isso, "ganha cada vez mais força a ideia de que a política em si, numa cidade regida por democracia, só pode ser demagogia em sentido pejorativo".[32]

Além disso, são nítidos os vínculos entre povo, palavra e poder na visão antidemocrática. Quanto mais a noção pejorativa da democracia se impõe, mais "fica claro que o veículo privilegiado da demagogia é a palavra. Nas tentativas de sua definição é latente, mas bem perceptível, a identificação entre demagogo e hábil orador. Os modos de se falar ao povo na assembleia democrática seriam os sinais incontestes da decadência política. Em *Constituição de Atenas*, Aristóteles não esconde sua aversão pelos modos e meios de Cléon, um líder popular: "Cléon se apresenta com veste apertada ao corpo, como em roupa de trabalho – quando antes se falava com decoro, imóvel e com a túnica descendo até o chão. Ele ergue a voz e ofende os adversários."[33] No final da República romana, os textos de Cícero sugerem uma divisão em dois eixos distintos das qualidades oratórias: um primeiro no qual as falas são suaves, leves, urbanas e elegantes, e um segundo

---

31. Rancière, Jacques. *O ódio à democracia*. São Paulo, Boitempo, 2014. 117.
32. Canfora, 2012, s. p. 15
33. Aristóteles citado por Canfora, 2012, p. 15.

em que elas são ácidas, veementes, ásperas e grosseiras. Ao primeiro eixo pertencem as falas dos patrícios dirigidas aos patrícios, ao passo em que no segundo se inscrevem as de porta-vozes populares endereçadas aos plebeus.

Essa maneira de se falar ao povo da República romana era chamada de *eloquentia popularis*. A discriminação mais fundamental de que eram objeto os oradores dessa eloquência era a falta de *urbanitas*. Essa noção significava o que era próprio de Roma, uma vez que *urbani* designava as pessoas da cidade eterna e compreendia igualmente a língua e os gostos de Roma. Nesses dois últimos campos, os porta-vozes populares, em sua maioria não romanos, se encontravam muito desprovidos: "seu primeiro defeito era o de 'mal' pronunciar o latim. Havia na Cidade uma pronúncia especificamente romana, feita de nuances insensíveis e inacessíveis aos que não haviam vivido em Roma desde sua infância. Era o sotaque que definia o latim legítimo". O orador popular e estrangeiro era identificado, ao cometer "erros" linguísticos e prosódicos, ou seja, ao dar indícios de que não conhecia os idiomatismos e as entonações romanas. Tratava-se de uma série de nuances que justificavam um distanciamento, que "era ao mesmo tempo insuportável e insuperável e que se tornava decisivo nos obstáculos à promoção e à integração dos oradores da eloquência popular: o som de suas vozes então operava essa distinção".[34]

Guardadas as devidas diferenças e proporções, os oradores da *eloquentia popularis* eram então concebidos e depreciados pela elite romana como já o haviam sido, séculos antes,

---

34. David, Jean-Michel. *Eloquentia popularis* et *urbanitas*. Les orateurs originaires des villes italiennes à Rome à la fin de la République". In: *Actes de la Recherche en Sciences Sociales*, Paris: Seuil, 1985, vol. 60, n. 1, p. 70 e 72.

ao longo da República de Roma, os tribunos da plebe. Ante a revolta dos plebeus, que até então estavam destituídos de direitos e que sofriam de opressões e explorações diversas, o estabelecimento do tribunato do povo surgia ao mesmo tempo como uma conquista popular e como uma concessão aristocrática. A partir daí, os sem voz e voto teriam ao menos seus porta-vozes no Senado. Uma relativa conquista emancipatória e certa concessão apaziguadora que não ficariam imunes às reações conservadoras. Caio Márcio, o Coriolano, personifica emblematicamente essas reações. Antes de Cícero e de modo bem menos discreto, Coriolano já havia depreciado o povo e seus tribunos. Por meio da pena de Shakespeare, em sua tragédia sobre o patrício e militar romano, Coriolano, seus amigos e seus partidários desdobram uma enorme série de declarações elitistas.

Eis aqui somente algumas dessas afirmações: "Arranque a língua do populacho, para que ele não mais lamba o veneno destilado por seus bajuladores"; "Vejam o rebanho que vocês, tribunos, conduzem. Eles merecem ter voz? Vocês que são suas bocas, por que não reprimem a fúria de seus dentes?"; "Veja aí essa ignóbil e fedorenta multidão"; "Esses tribunos imbecis, que, ligados aos vis plebeus, detestam tua glória, Coriolano"; "Se o povo ama sem motivo, ele também odeia sem fundamento"; "Vejam os tribunos do povo, as línguas das bocas vulgares. Eu os desprezo". No momento em que, após muita insistência de seus próximos para que ele vá se dirigir ao povo, no intuito de convencer seus membros a elegê-lo cônsul de Roma, Coriolano nos brinda com mais esta lapidar afirmação eivada de preconceitos:

Pois bem! Que eu abandone meu coração e minhas inclinações naturais para ceder ao espírito de uma cortesã. Que minha voz viril e guerreira, que fazia coro com as cornetas das batalhas, se torne estridente como o falsete de um eunuco ou como a voz de uma mocinha que embala um bebê em seu berço. Que a língua suplicante de um mendigo se mova entre meus lábios e que meus joelhos, cobertos de ferro e que jamais se dobraram sobre meu estribo, se prostrem tão baixo quanto os dos miseráveis que recebem esmolas.[35]

Há uma longa história de discriminações da voz e da escuta do povo. Aos preconceitos e exclusões das práticas populares de linguagem que se praticavam na Antiguidade se somaram tantos outros na Idade Média, na Era Moderna e na Contemporaneidade. Essa persistente história de detratações da voz e da escuta populares será permeada por surgimentos tardios, escassos e não poucas vezes ambivalentes de legitimidades conquistadas por porta-vozes do povo e pelos próprios sujeitos das classes populares.[36] A despeito de sua condição tardia, escassa e ambígua, tais conquistas conheceram certo recrudescimento a partir da emergência e consolidação da noção de soberania popular, oriunda das Revoluções Francesa e Americana do século XVIII. No século seguinte, na esteira dessas conquistas, assistiríamos ao surgimento e ao fortalecimento de uma oratória popular e mesmo de uma eloquência proletária.

Desde então, apesar do caráter quase inabalável dos preconceitos contra as camadas populares, falar mais ou menos como uma pessoa do povo parece ter se tornado, em alguma medida, um direito, um trunfo e, por vezes, até mesmo uma necessidade. De modo relativamente simultâneo, mas não

---

[35]. Shakespeare, *op. cit.* Ato III, cena 1 e 2.
[36]. Piovezani, Carlos. *A voz do povo*: uma longa história de discriminações. Petrópolis: Vozes, 2020.

em igual proporção, alguns sujeitos de classes e grupos sociais desfavorecidos conquistaram certa legitimidade de expressão para seus próprios meios de intervenção pública; os oradores puderam contar com uma nova possibilidade de eloquência e/ou de empregá-la como um estratagema retórico, se apresentando como oriundos do povo ou como seus legítimos porta-vozes, tendo em vista a contiguidade entre seus modos de elocução; não apenas à fala pública dirigida aos setores desvalidos, mas também àquela endereçada a auditórios mais gerais praticamente se impôs a obrigação de incorporar padrões e índices populares. Uma conquista a que se ascendeu, uma expressão que emergiu e uma tendência que se fixou, assim parece ter surgido um novo quadro da oratória contemporânea. Os oradores populares puderam se beneficiar em alguma medida dessa conquista, mas os populistas também se aproveitaram dela intensa e extensivamente.

O populismo nasce no tempo e no lugar das sociedades de massa. Trata-se, inicialmente, de uma noção burguesa e aristocrática, que decorre da identificação dos poderes e perigos concentrados nas multidões. O final do século XIX e as primeiras décadas do século XX são marcados pelo avanço de vanguardas culturais e movimentos políticos e sociais que reclamam não somente uma democracia representativa, sob a forma do sufrágio universal, compatível com o direito à propriedade, mas também e principalmente reivindicam práticas e direitos igualitários, ações de democracia direta e participação popular nas decisões políticas e até a abolição do estado e da propriedade privada. É nesse contexto que surgem a ideia de massa, seu mais frequente emprego no plural, as massas, e os temores que elas passarão a despertar no pensamento conservador.

Era assim que um de seus principais teóricos, o psicólogo social francês Gustave Le Bon, caracterizava aquele cenário: "O período em que entramos será realmente a era das massas". Le Bon descreve e contribui para aumentar o medo que pretensamente seria instaurado pela desordem, pelo caos e pela anarquia. Entre os anos de 1880 e a Primeira Grande Guerra, teriam se tornado visíveis os signos de uma inquietante potência das multidões, que, por sua vez, era o anúncio da destruição da civilização: "A história ensina-nos que, no momento em que as forças morais que são o fundamento das sociedades perderam o seu domínio, as multidões inconscientes e brutais, justamente qualificadas de bárbaras, encarregam-se de realizar a dissolução final".[37] A inquietação com a qual Le Bon e alguns de seus contemporâneos se preocupavam era o medo do desenvolvimento da democracia política. Essa democracia manifesta-se desde as duas últimas décadas do século XIX sob a forma do que se via como a violência política e social das greves e do progresso dos movimentos trabalhistas e socialistas.

A perturbação social e política burguesa e aristocrática se aliava então a vários conhecimentos científicos de seu tempo. Em Cesare Lombroso e sua antropologia criminal, Le Bon vai encontrar as origens criminológicas que as massas humanas conceberiam e nutririam. Já Jean-Martin Charcot, cujas sessões Le Bon tinha o hábito de frequentar, lhe oferece a ideia de histeria patológica das multidões. Finalmente, de Émile Durkheim, Le Bon retoma o propósito de descobrir as leis sociais de uma unidade mental das massas.[38] Essa junção entre o medo e a ciência concorrerá para o fato de que as ideias

---

[37]. Le Bon, Gustave. *Psicologia das multidões*. Lisboa: Roger Delraux, 1980, p. 9.
[38]. Courtine, Jean-Jacques. A voz do povo: a fala pública, a multidão e as emoções na aurora da era das massas. In: *História da fala pública*: uma arqueologia dos poderes do discurso. Petrópolis: Vozes, 2015. p. 265–266.

centrais sobre as multidões atravessem quase todo o século XX praticamente intactas e forneçam durante muito tempo as explicações para o comportamento dos indivíduos no interior das massas. Há uma concepção naturalista dos traços atribuídos às multidões por Le Bon. Seus estados psicológicos e suas características mentais, tais como a impulsividade, a irritabilidade, a inconstância, os exageros e simplificações dos sentimentos, a credulidade, "são observáveis em seres pertencentes às formas inferiores de evolução, como o selvagem e a criança". A estes dois seres inferiores, se acrescenta a histérica: "As multidões são, em todos os lugares do mundo, femininas; mas as mais femininas dentre todas elas são as multidões latinas".[39]

Dada essa sua concepção das massas, a prática de falar em público para Le Bon é antes de tudo composta pelo corpo e pela voz do orador e pela escuta irracional, volúvel e instável dos ouvintes compactados na multidão. As ideias e as palavras importariam bem pouco: "no que respeita ao verbo, basta que as palavras sejam marteladas sem cessar; e no que concerne as ideias, basta fazê-las penetrar com força na alma das multidões"; basta fazer penetrar nessa alma de primitivos, de mulheres e de crianças, da forma mais simples e mais imaginativa possível, as "imagens impressionantes que preenchem e obcecam o espírito. Conhecer a arte de impressionar a imaginação das massas é o mesmo que conhecer a arte de governá-las".[40]

---

39. Le Bon, p. 21.
40. Courtine, 2015, p. 285–286.

O que aprendemos sobre *a linguagem fascista*, ao ler *A psicologia das multidões*? Não interessam a Le Bon a observação e as recomendações sobre recursos argumentativos e figuras de linguagem, sobre o léxico, a sintaxe ou a enunciação. Sua preocupação se concentra, antes, na "misteriosa potência" das palavras e em sua "verdadeira magia" capaz de converter as imagens que elas evocam em emoções intensas e em ações irrefletidas:

> A multidão somente pode ser impressionada pelos sentimentos excessivos. O orador que pretende seduzi-la deve abusar das afirmações violentas. Exagerar, reafirmar, repetir e jamais tentar demonstrar nada mediante um raciocínio são os procedimentos de argumentação familiares aos oradores das massas populares.[41]

O livro de Le Bon não é evidentemente um tratado de retórica, um compêndio de oratória ou manual de estilo, mas também não deveria ser considerada uma obra científica de psicologia coletiva, tal como ela o foi durante muito tempo. Ele deve ser, antes, concebido como um tratado político, que se situa na longa tradição das artes de governar. Seu texto materializa os temores suscitados pela efervescência do movimento operário nas sociedades democráticas, se propõe como um meio de conjurar seus perigos, repercute os apelos burgueses e aristocráticos pelos líderes fortes e anuncia o terrível e promissor destino da propaganda política populista. Por essa razão, *A psicologia das multidões* pode ser lida como o delineamento de um programa político autoritário e reacionário, como um manual de técnicas de comando e de domesticação das massas e ainda como uma contribuição ao

---

41. Le Bon, p. 27.

pensamento que busca o controle das populações. Noutros termos, trata-se de uma obra a que o populismo também nascente não poderia ficar indiferente.

Não poderia e não ficou. O populismo se aproveitou de Le Bon e dos avanços das técnicas de propaganda. Seu objetivo era o de obter o controle e a manipulação das aglomerações humanas no início da era das massas. Assim, ele passou a fazer jus à condição de um dos inventores das formas modernas de propaganda política.[42] Nesse sentido, sua relação com a *linguagem fascista* é fundamental: Hitler inspirou-se amplamente em *Psicologia das multidões*, ao produzir seu próprio *Mein Kampf*; e Mussolini fez da obra de Le Bon seu livro de cabeceira.[43] Como se já não bastasse, as massas tornadas objeto de reflexão se inscrevem ainda na modernidade econômica do *business* norte-americano, que nos anos de 1920 criam a promissora e bem-sucedida fórmula do *mass medias*. Ao lado da publicidade dos produtos do mercado e da propaganda política dos partidos socialistas e comunistas, as lideranças populistas se autorizaram cada vez mais a falar em nome das massas formadas principalmente pelas classes trabalhadoras.

Há, portanto, algo análogo entre a demagogia, o populismo e a linguagem fascista.[44] Demagogos, populistas e fascistas dirigem-se ao povo e supostamente o fazem em nome

---

42. Cf.: Tchakhotine, Serge. *Le viol des foules par la propagande politique*, Paris: Gallimard, 1939.

43. Ver, respectivamente: Goonen, Jay. *The Roots of Nazi Psychology*, Lexington, The University Press of Kentucky, 2013, p. 92; e Gentile, Emilio, aqui mesmo no capítulo "Mussolini fala às massas".

44. Para mais informações sobre demagogia, populismo e fascismo, ver: Canfora, Luciano. Demagogia. Palermo, Selerio, 1994; Ferreira, Jorge (Org.) *O populismo e sua história*: debate e crítica. Rio de Janeiro: Civilização Brasileira, 2001; Paris, Robert. *As origens do fascismo*. São Paulo: Perspectiva, 1993. Sobre a detratação de políticas populares como populistas e sobre a legitimidade de

de suas causas. Falam ao povo e o fazem mimetizando seus meios de expressão. Fazem-no com o propósito de se tornarem cada vez mais capazes de incutir suas crenças e mobilizar as ações das massas populares. Enquanto Mussolini, além de populista, foi precursor do fascismo e um de seus tipos mais bem acabados, Bolsonaro é um populista e um "fascista *wannabe*", uma vez que consiste no líder populista que mais quer e que mais se aproxima do fascismo na história, ao reativar em seu populismo traços fascistas indeléveis: a violência anunciada como fator de regeneração social, a segregação de grupos fragilizados, a mobilização exponencial das mentiras e o flerte com a ditadura.[45] Com tamanhas semelhanças, não poderíamos prescindir de compreender suas eventuais interconexões, considerando todos os perigos que eles envolvem isolada e, sobretudo, conjuntamente. Mas é ainda mais urgente e necessário diferenciá-los e concebê-los como os fenômenos históricos que efetivamente eles são.

Em 2019, o fascismo completara 100 anos de seu nascimento. Por essa ocasião, a BBC de Londres entrevistou o historiador italiano Emilio Gentile, autor do capítulo "Mussolini fala às massas" deste livro. Naquela circunstância, o jornalista Angelo Attanasio que o entrevistou assim apresentou seu entrevistado: "O historiador italiano Emilio Gentile é um dos maiores especialistas em fascismo do mundo". Com o lastro de uma vida acadêmica inteira dedicada ao estudo do

---

populismo como a própria lógico do funcionamento político, ver: Rancière, Jacques. *O desentendimento: política e filosofia*. São Paulo: Editora 34, 1996; Laclau, Ernesto. *A razão populista*. São Paulo: Três Estrelas, 2013; e Souza, Jessé. *A elite do atraso*. Da escravidão à lava-jato. Rio de Janeiro, Leya, 2017.

45. Finchelstein, Federico. Bolsonaro é o líder populista que mais se aproximou do fascismo na história. Entrevista concedida ao *The Intercept*, 07 de julho de 2020.

fascismo, Gentile afirma que se deve "distinguir entre o fascismo histórico, que é o regime que, a partir da Itália, marcou a história do século 20 e se estendeu à Alemanha e a outros países europeus no período entre as duas guerras mundiais, e o que é frequentemente chamado de fascismo depois de 1945, que se refere a todos aqueles que usam da violência em movimentos de extrema direita". Segundo o historiador italiano, a extrema-direita se caracteriza por se opor "aos princípios da Revolução Francesa de igualdade e liberdade, mas sem necessariamente ter uma organização totalitária ou uma ambição de expansão imperialista". São esses últimos aspectos que tornam um movimento ou um regime fascista: "Sem o regime totalitário, sem a submissão da sociedade a um sistema hierárquico militarizado, não é possível falar de fascismo".[46] Com base nessas afirmações de Gentile, Attanasio lhe dirige estas questões, que são assim respondidas:

BBC: Então, quando se pode falar de "fascismo"?
GENTILE: Podemos falar de fascismo ao nos referir ao fascismo histórico, quando um movimento de massas organizado militarmente tomou o poder e transformou o regime parlamentar em um Estado totalitário, ou seja, em um Estado com um partido único que procurou transformar, regenerar ou até criar uma nova raça em nome de seus objetivos imperialistas e de conquista.

Isto é, somente quando nos referimos a esta experiência específica?
Sim, para o período histórico entre as duas guerras mundiais, quando ainda havia a vontade de conquistar e se expandir imperialmente por meio da guerra. Se estas características ainda estivessem presentes hoje, poderíamos falar em fascismo. Mas me parece com-

---

46. Gentile, Emilio. 100 anos do fascismo, BBC News, 24 de março de 2019.

pletamente impossível. Mesmo aqueles países que aspiram a ter um papel hegemônico procuram fazer isso por meio da economia, e não da conquista armada.

O senhor acha que existe o perigo de um retorno do fascismo?
Não, absolutamente, porque na história nada volta, nem de um jeito diferente. O que existe hoje é o perigo de uma democracia, em nome da soberania popular, assumir características racistas, antissemitas e xenófobas. Esses movimentos se definem como uma expressão da vontade popular, mas negam que este direito possa ser estendido a todos os cidadãos, sem discriminações entre os que pertencem à comunidade nacional e aqueles que não lhe pertencem.

Donald Trump, Vladimir Putin, Jair Bolsonaro, Viktor Orbán e outros líderes políticos foram chamados de fascistas por suas políticas de imigração ou seu nacionalismo. é correto defini-los assim?
Se afirmamos isso, poderíamos dizer então que todos o são, porque são homens e brancos. Mas, ao mesmo tempo, não entenderíamos a novidade destes fenômenos. Não se deveria aplicar o termo "fascista" para todos os contextos, mas entender quais são as causas que geraram e fizeram proliferar estes fenômenos. Em todos esses países, esses movimentos extremistas se afirmaram com base no voto popular.

O senhor acha então que a palavra "fascismo" está sendo abusada para definir estes governos?
Na minha opinião, é um grande erro, porque não nos permite compreender a verdadeira novidade destes fenômenos e o perigo que eles representam. E o perigo é que a democracia possa se tornar uma forma de repressão com o consentimento popular. A democracia em si não é necessariamente boa. Só é boa se realiza seu ideal democrático, isto é, a criação de uma sociedade onde não há discriminação e na qual todos podem desenvolver sua personalidade livremente, algo que o fascismo nega completamente. Então, o pro-

blema hoje não é o retorno do fascismo, mas quais são os perigos que a democracia pode gerar por si mesma, quando a maioria da população — ao menos, a maioria dos que votam — elege democraticamente líderes nacionalistas, racistas ou antissemitas.

Sem dúvida, a história não se repete. Se "todos os grandes fatos e personagens da história universal aparecem como que duas vezes", ao que se acrescenta que ocorrem "uma vez como tragédia e a outra como farsa",[47] essa dupla aparição e seu duplo aspecto, o do drama da primeira e o da impostura da segunda, já seriam suficientes para rejeitar uma pura e simples repetição. Subscrever essa ideia não corresponde ao encerramento de um debate nem à impossibilidade de lhe produzir uma inflexão. O debate permanece aberto, está efervescente no Brasil de nossos dias e envolve não apenas antagonismos frontais e manifestos, mas também posições ao mesmo tempo relativamente divergentes e bastante próximas.[48] Estas últimas parecem se distinguir pela disposição distinta da lógica concessiva: "Ainda que haja 'malignidade' no bolsonarismo, não se trata de fascismo, porque o fascismo foi um fenômeno histórico preciso" *versus* "Ainda que não se trate da repetição de um fenômeno histórico preciso, o bolsonarismo consiste em um neofascismo brasileiro".

---

47. Marx, Karl. *O 18 Brumário de Louis Bonaparte*. Lisboa: Edições Avante, 1982, p. 21.
48. No mesmo mês de fevereiro deste ano de 2020, a revista *Carta Capital* publicou dois textos nos quais se materializam estas duas posições distintas. Em "Não há 'fascismo' no Brasil, mas 'malignidade', diz sociólogo", Antonio Cattani, professor da UFRGS, ressalta as especificidades do que ocorreu na Itália nas primeiras décadas do século XX, enquanto em "Os maus modos do neofascismo brasileiro", Tales Ab'Sáber, professor da UNIFESP, sustenta haver traços suficientes para chamarmos o que se reúne em torno do bolsonarismo de um neofascismo. Matérias publicadas em 4/02/2020 e 21/02/2020, disponíveis no site da *Carta Capital*.

Há um nosso fascismo nacional comum.[49] De algum modo, ele sempre esteve entre nós, sob a forma de opressões diárias sofridas por pobres e marginalizados, por negros e indígenas, por mulheres e LGBTQs, decorrentes do sistema escravocrata e de enormes injustiças e desigualdades sociais, de xenofobias e aporofobias, de patriarcalismos, misoginias e homofobias de toda sorte, gestados e reproduzidos por nossa história. Ele sempre esteve entre nós, sob a forma dos assassinatos de membros e de lideranças dos movimentos negros e indígenas e dos movimentos militantes, estudantis, ecologistas e sindicais, sob a forma dos assassinatos de meninos e meninas das favelas e dos rincões brasileiros, principalmente durante a ditadura, mas também em períodos chamados de democráticos. Mais recentemente, a ele se acrescentou uma escalada de práticas e discursos de ódio e, finalmente, uma ascensão ao poder político da presidência da República. Esta última é uma das maiores catástrofes de nossa história recente: "a inacreditável ascensão política do fascista tupiniquim, muito ignorante e violento, Jair Bolsonaro, com seus apoiadores, verdadeiros fanáticos da burrice histórica e da estupidez anti-humanista".[50] A história não se

---

49. Dentro e fora do contexto brasileiro, filósofos, sociólogos e historiadores já postularam a existência desse fascismo impregnado no cotidiano: "Enfim, o inimigo maior, o adversário estratégico do Anti-Édipo: o fascismo. E não somente o fascismo histórico de Hitler e de Mussolini – que tão bem souberam mobilizar e utilizar o desejo das massas –, mas o fascismo que está em nós todos, que martela nossos espíritos e nossas condutas cotidianas, o fascismo que nos faz amar o poder, desejar esta coisa que nos domina e nos explora." (Foucault, Michel. Introdução à vida não-fascista. In: Gilles Deleuze e Félix Guattari. *Anti-Oedipus*: Capitalism and Schizophrenia, New York, Viking Press, 1977, p. XII). Já sobre o cenário brasileiro, ver: Sodré, Nelson Werneck. *O fascismo cotidiano*. Belo Horizonte: Oficina de Livros, 1990.

50. Ab'Sáber, Tales. *Michel Temer e o fascismo comum*. São Paulo: Hedra, 2018, p. 28.

repete, mas as comparações entre fenômenos históricos e agentes políticos costumam esclarecer zonas mais ou menos obscuras dos fatos sociais ou concorrem para mais bem compreendê-los. Em contextos dramáticos, elas se tornam ainda mais necessárias e urgentes.

Ora, não são poucas as correspondências entre o que ocorre hoje conosco e as propriedades do fascismo que indicamos acima na esteira principalmente de Klemperer e de Eco. Se há algo de pertinente e relevante em apontarmo-las aqui, com mais forte razão, deve haver em cotejá-las com as especificidades do contexto brasileiro contemporâneo. Assim como no fascismo europeu da primeira metade do século XX, também em nosso fascismo comum, são fundamentais as relações entre o pensamento e as experiências de ódio e entre a linguagem e as ações violentas. Em um passado muito recente, seus adeptos expressaram seu pensamento "como *passagem ao ato*, de bater panelas para calar o adversário na linguagem – em uma metáfora muito concreta, já no limite da ação física, do desejo evidente de bater, usar a força e calar".[51] Tratava-se já de uma verdadeira política do direito ao ódio e do ódio como exercício legítimo da política. Nesse processo, a *linguagem fascista* desempenha um papel decisivo:

O passo final das clivagens fascistas, das suas certezas que legitimam a violência e o extermínio, a tortura e o escárnio dos adversários políticos e seus gozos de massa, de sua falsa identidade de uma superioridade qualquer, e de sua vida prática que busca a ação e que recusa fortemente qualquer conhecimento mediado, criativo ou crítico de algum modo, é uma ampla curvatura descendente no plano da linguagem, o carregamento excitado das palavras que tende ao

---

51. Ab'Sáber, 2018, p. 54.

concreto de seu valor, o desprezo aberto por outras palavras que devem ser recusadas, negadas, o deslocamento do plano do léxico e da semântica para outro centro gravitacional cuja natureza política é interessada e imensamente triste. (...) Para além da violência direta, o fascista extirpa, como um cirurgião carniceiro do simbólico, mundos e mais mundos de possibilidades de sentido e de experiência, que desfalecem em conjunto com a morte programada do outro na cultura. A cultura programática da morte e do extermínio, é cultura da morte de palavras, e com elas, de sentidos.[52]

O fascismo e sua linguagem podem ser fascinantes. Eis aí um de seus maiores riscos. As forças negativas, os discursos e ações do ódio e as políticas do medo e da morte podem subsumir no encanto e na beleza promovidos pela performance da força e da saúde, pela pertença a uma comunidade pura e harmônica e pela franqueza e autenticidade da expressão de seu líder e de seus membros. Em condições históricas e sociais distintas, as pulsões e os afetos, os pensamentos e as ações fascistas não são os mesmos, nem são idênticos os recursos e os fascínios de sua linguagem. Quais foram tais recursos e como puderam produzir crenças e seduções, adesões e repetições na Itália de Mussolini e no Brasil de Bolsonaro? Responder a estas e a outras questões relativas à linguagem fascista é o objetivo que buscamos aqui alcançar, mediante a leitura independente ou conjunta de "Mussolini fala às massas: do socialismo revolucionário ao regime fascista", de Emilio Gentile, e de "Bolsonaro fala às massas: do baixo clero político à presidência da República", de nossa própria autoria.

---

52. Ab'Sáber, 2018, p. 155–161.

Em sua defesa de Helena, Górgias alega sua inocência. Abandonara Menelau e seguira com Páris não por imprudência ou por seu próprio desejo, mas "ou bem em função das intenções do acaso, das vontades dos deuses e dos decretos da necessidade, ou bem por ter sido raptada com violência, ou bem por ter sido persuadida pelos discursos". Mais adiante, outras passagens de seu texto permitem depreender uma hierarquia de forças entre os fatores que teriam motivado a ida de Helena: "se aquele que a persuadiu, que construiu uma ilusão em sua alma, foi o discurso, também não será difícil defendê-la contra esta acusação, e destruir a inculpação da seguinte forma: o discurso é um grande soberano que, por meio do menor e do mais inaparente dos corpos, realiza os atos mais divinos".[53]

Mais do que o acaso, os deuses ou as necessidades, são os discursos que mais bem seduzem e movem os homens e as mulheres. É o domínio do discurso que "cria uma necessidade na alma que ele persuade de ser, a uma só vez, persuadida pelas coisas ditas e condescendente face às coisas que são feitas". Desde os antigos, há entre os amantes da linguagem uma consciência de seus poderes e perigos, de sua condição de veneno e de remédio: "assim como tal droga faz sair do corpo um tal humor, e que umas fazem cessar a doença, outras a vida, assim também, dentre os discursos, alguns afligem, outros encantam, fazem medo, inflamam os ouvintes, e alguns, por efeito de uma má persuasão, drogam a alma e a enfeitiçam".[54]

---

53. Górgias. Elogio de Helena. In: Cassin, Barbara. *O efeito sofístico*. São Paulo: Editora 34, 2005, p. 295–297.
54. Górgias, 2005, p. 299–300.

Entre seus amantes modernos, essa consciência não se perdeu. Nós podemos encontrá-la nas reflexões de Roland Barthes sobre as constitutivas relações entre o poder e a linguagem. A respeito do primeiro, ele afirma o seguinte: "o poder está presente nos mais finos mecanismos do intercâmbio social; não somente no Estado, nas classes, nos grupos, mas ainda nas modas, nas opiniões correntes, nos espetáculos, nos jogos, nos esportes, nas informações, nas relações familiares e privadas, e até mesmo nos impulsos liberadores que tentam contestá-lo". Já no que se refere à segunda, Barthes diz que o poder habita seu interior e a explora: "o poder é o parasita de um organismo trans-social, ligado à história inteira do homem. Esse objeto em que se inscreve o poder, desde toda a eternidade humana, é: a linguagem — ou, para ser mais preciso, sua expressão obrigatória: a língua".[55]

Uma célebre passagem desse mesmo texto de Barthes vem então logo em seguida: "a língua, como desempenho de toda linguagem, não é nem reacionária, nem progressista; ela é simplesmente: fascista; pois o fascismo não é impedir de dizer, é obrigar a dizer". O uso da língua aprisiona, porque nela "servidão e poder se confundem inelutavelmente". Se a liberdade é a "potência de subtrair-se ao poder" e a de "não submeter ninguém", então somente poderia haver a experiência absoluta da liberdade fora da linguagem. Isso nos seria impossível, pois não há vida humana fora da linguagem. Barthes indica uma única saída: "só resta, por assim, dizer, trapacear com a língua, trapacear a língua".[56] É "no interior da própria língua" que o fascismo da língua pode e deve ser combatido.

---

55. Barthes, Roland. *Aula*. São Paulo: Cultrix, 2000, p. 11–12.
56. Barthes, 2000, p. 14–16.

Ao fascismo da língua e a todo e qualquer fascismo, se devem contrapor as trapaças da língua, as participações democráticas e as liberdades dos desejos. "É bom que os homens, no interior de um mesmo idioma, tenham várias línguas". Muitas línguas, diversas vozes e múltiplas funções, e todas elas "promovidas à igualdade". Elas formariam, assim, uma fonte da qual todos os humanos poderiam beber livremente e conforme a verdade de seus desejos. "Essa liberdade é um luxo que toda sociedade deveria proporcionar a seus cidadãos: tantas linguagens quantos desejos houver. Que uma língua, qualquer que seja, não reprima outra: que o sujeito conheça, sem remorso, sem recalque, o gozo de ter a sua disposição duas instâncias de linguagem, que ele fale isto ou aquilo segundo as perversões, não segundo a Lei".[57] Sem essa utopia, sem essa resistência forjada com a linguagem e na própria linguagem, o fascismo grassa como desejo que deseja sua própria repressão, seja no Estado totalitário, seja no mercado neoliberal, seja ainda em interconexões de suas facetas.

Se no fascismo cotidiano, os poderes se imiscuem na linguagem para tentar nos impor o que deveríamos pensar, fazer e dizer, com mais forte razão, se estabelecem relações constitutivas entre a língua e as opressões, entre os discursos do ódio e as ações de extermínio, quando os fascistas ou neofascistas assumem os lugares de poder no Estado. Dois ilustrativos episódios ocorridos ainda no começo dos estados totalitários da Itália e da Alemanha comprovam-no. Na noite do dia 22 de junho de 1925, Mussolini pronunciou um discurso no mausoléu de Augusto. Esse pronunciamento registra pela primeira vez o uso do termo *totalitário* entre os fascis-

---

57. Barthes, 2000, p. 24-45.

tas. Mas, essa não é a única razão de ele ter se tornado conhecido. Por um lado, sua fala "situa-se numa longa cadeia de discursos, que narram as ações, sem cessar de produzi-las"; e, por outro, manifesta pela boca de seu líder supremo um dos principais traços do fascismo: "negar aos outros partidos a legitimidade, o direito de existirem ou de tornarem-se fatores positivos de governo".[58] As ações violentas e os assassinatos já haviam começado, mas esse discurso lhes dava uma justificativa e um acobertamento de Estado.

Usar sem reserva um último e radical ato de linguagem: o comando à execução. Era isso que passara a circular nos discursos de Hermann Göring desde o início de fevereiro de 1933. Ele era ministro do Interior da Prússia e fora figura fundamental para que Hitler alcançasse o posto de chanceler da Alemanha. A partir do dia 07 daqueles mês e ano, Göring "dirigia-se verbalmente à polícia da Prússia para anunciar que acobertaria qualquer um que fosse levado a 'puxar sua arma' no combate 'contra a ralé e a canalha internacional' ou, numa linguagem mais clara, contra o que se denominava então os partidos social-democrata e comunista alemães". Dez dias mais tarde, Göring lança um decreto no qual precisa que "a polícia deve evitar qualquer processo contra as 'associações nacionais', SA, SS e *Capacete de Aço*, mas deve ao contrário, se necessário, 'fazer uso de suas armas sem hesitação' ".[59]

A *linguagem fascista* usa a linguagem humana para calar a linguagem humana. Fala da pureza da raça ou das pessoas de bem para calar a crítica e as diferenças. Fala às massas populares, que, de fato, menospreza, para tentar conduzir e calar o

---

58. Faye, Jean-Pierre. *Introdução às linguagens totalitárias*. São Paulo: Perspectiva, 2009, p. 57.
59. Faye, 2009, p. 148–149.

povo e seus porta-vozes. Fala para justificar e fomentar o aniquilamento do adversário, transformado em inimigo. Os perigos do fascismo estão além da linguagem. Agressões e extermínios ultrapassam as ações linguísticas. Mas as versões fascistas da história promovem um aumento progressivo na aceitação de discursos de ódio e de atos violentos, tanto pelo que contam quanto por suas maneiras de contar suas narrativas. Na constituição de nossa história, há "um efeito de produção de ação pelo relato". As ideologias políticas fascistas, mais do que outras, colocam em sua origem uma narração, em nome da qual se insurge contra verdades factuais: "é uma narração que não é verdadeira, mas se faz terrivelmente ativa".[60]

Encerremos este já longo início de uma história da *linguagem fascista* que pretendemos contar aqui com a dupla lição que nos fora ensinada por antigos e modernos amantes da linguagem. Não se deve subestimar o poder destrutivo da palavra, mas tampouco se deve desdenhar e abrir mão de sua potência crítica e criadora. Uma função fundamental da linguagem é a narração. Carregada pela base material e psíquica das sociedades, a narração "não apenas toca a história, mas efetivamente a engendra". A história é antes de mais nada uma narração. "Porque ela só se faz contando-se, uma crítica da história só pode ser exercida contando como a história se produz ao narrar-se".[61] Passemos, então, sem mais demora, ao exame e à crítica dos discursos de Mussolini e de Bolsonaro, com este precioso ensinamento de Jean-Pierre Faye: compreender a maneira pela qual a opressão se tornou aceitável é o primeiro gesto de nossa própria libertação.

Carlos Piovezani

---

60. Faye, 2009, p. 17, 18 e 121.
61. Faye, 2009, p. XXIV e 116.

Mussolini fala às massas
Do socialismo revolucionário ao regime fascista

O NASCIMENTO DE UM ORADOR

No dia 4 de abril de 1900, um aluno do colegial, que estudava na Régia Escola Normal para Meninos, dissertava sobre o tema: "O ensino de história na escola elementar". O estudante iniciava seu texto, observando que a educação "deu gigantescos passos em direção à modernidade, ao se desvencilhar do sistema jesuítico, baseado na memorização, de modo que atualmente o aprendizado não consista mais em uma questão de quantidade, mas de qualidade, embora isso não se tenha efetivamente refletido no trabalho do governo". Contudo, no ensino da história, esse sistema jesuítico ainda permanecia atuante na prática do "ditado histórico", o que implicava uma "lamentável sobrecarga da memória". A história, sustentava o estudante, "não deve ser um objeto de estudo a ser ensinado como outros de natureza distinta, porque seu método de aprendizagem, que, à primeira vista, parece fácil, não o é efetivamente". Assim, para fazer a devida opção por um apropriado método de ensino de história, seria preciso responder às seguintes questões: "De qual história necessita a maioria da população? Como lhe dar um fundamento na cultura escolar? O que fazer para que ela seja assim compreendida pelos estudantes?".

O manual de história era uma ferramenta necessária, mas era indispensável que o professor expusesse claramente o tema histórico tratado, porque o livro "dirige-se à inteligência, ao passo que o professor deve se endereçar ao sentimento dos estudantes, no intuito de estimulá-lo e transportá-lo aos patamares mais puros e elevados. Assim, o texto do livro, por meio da inteligência, e o professor, por meio do sentimento, atingem o mesmo objetivo: a educação do coração". O "bom livro de história" deveria conter "textos ao mesmo tempo instrutivos e saborosos, para que não fatiguem nem entediem o estudante". Ele não deveria "mencionar os eventos de menor importância, esses eventos que não produzem modificações na atividade e na consciência humana". Não deveria se limitar a muitas datas e nomes, coisas que são rapidamente esquecidas, mas deveria buscar compreender esquemas históricos e geográficos que mostrassem claramente aos estudantes como se desenrolaram os fatos. Os educadores que "realmente sentem a importância de sua missão devem utilizar a história como um talismã didático", sem jamais esquecer que "o escopo mais importante é o de estimular e de enobrecer o sentimento":

O professor não deve seguir estritamente o texto, porque suas próprias lições devem sempre se manifestar na exposição de seu conteúdo. O timbre de sua voz deve ser belo e sedutor, seus movimentos, agradáveis, e seus gestos, apropriados. Ele tem de conseguir renovar a cena histórica diante dos olhos dos alunos, de forma que, se alguma passagem lhes escapar, as perdas serão mínimas, porque o mestre os terá atraído e eles estarão admirados e mesmo fascinados. Uma comemoração, uma efeméride poderá fornecer o argumento para que o professor ministre sua aula de história, de modo tanto mais produtivo quanto mais atual ela for e quanto mais ela for ouvida com o amor que o mestre depositou em sua fala. Em suma, o professor deve manter uma devida distância do texto que expõe, para que os alunos não apenas digam "O professor é bom", mas para que, antes, digam "O professor é excelente".

Somente trabalhando desse modo, tal como expus aqui, é que a história será eficaz na educação do povo. Somente dessa maneira é que ela criará o sentido de uma observação humana; somente assim ela produzirá o raciocínio qualitativo, que, ao indicar os vícios e as virtudes dos homens, os encoraja a sempre praticar ações salutares ao seu caráter.[1]

O estudante chamava-se Benito Mussolini e ele ainda nem sequer havia completado dezessete anos. Seu pai era um metalúrgico, expoente do Partido Socialista na região de Emilia-Romagna, ateu e anticlerical. Sua mãe era professora primária e católica devota. A família Mussolini vivia modestamente em um conjunto habitacional da cidade de Predappio, na província de Forlì. Aos noves anos de idade, Benito foi posto em um colégio salesiano na cidade de Faenza, mas permaneceu por lá somente dois anos, porque rapidamente manifestou uma personalidade rebelde e violenta. Um relatório do instituto salesiano o descreve com os seguintes termos:

Ele só tem nove anos, mas já demonstra, como muitos rapazes, um caráter rebelde, distante e pouco inclinado à disciplina. O primeiro ano se passou sem incidentes e ele recebeu uma generosa ajuda, na esperança de que conseguíssemos melhorá-lo um pouco. (...) Ele sempre quer ser o primeiro entre os primeiros. Nos exames escritos, superou todos seus colegas. Com uma leitura, ele consegue memorizar qualquer lição. Certa vez, ao ser repreendido porque parecia ter saltado uma parte de uma poesia, ele prontamente respondeu: "Eu memorizei exatamente o que eu li".

---

1. Mussolini, Benito. *Opera Omnia*, vol. I, organizado por Edoardo e Duilio Susmel, Florença: La Fenice, 1951–1963, p. 226–227.

De índole apaixonada e indisciplinada, não soube se adaptar à vida no colégio, onde ele foi frequentemente punido, e desde cedo buscou mostrar sua necessidade de estar no mundo exterior para viver, sentir e conhecer a vida. Isso contrasta com cada uma das regras de ordem e disciplina do Instituto.

Além disso, nada o agrada: em meio a tanta gente, se sente mais triste e mais sozinho. Ele quer sempre estar só. Os jogos não o atraem. Parece que a formação de sua personalidade já se iniciou.

Uma motivação pessoal determina, e nisso consiste um primeiro desdobramento da alma, sua busca por vingança, caso ele seja ofuscado por um colega mais velho, o que ele não pode suportar e o que o impele à vingança.

Uma aguda consciência de si, que por vezes é hereditária, não lhe é menor.

Ele se rebela contra qualquer punição e correção, de sorte que o diretor Don Giovanni Battista Rinaldi foi forçado, muito a contragosto, em agosto de 1894, a pedir a seus pais que, tão logo fossem encerrados os exames finais, o retirassem do Colégio, em razão de seu temperamento, que não se coaduna absolutamente com o regime da instituição, com um sistema de educação ao qual se deve submeter seriamente aquele que estiver em um colégio Salesiano.[2]

Benito continuou seus estudos em um colégio laico na cidade de Forlimpopoli. Em 28 de janeiro de 1901, o diretor do colégio Vilfredo Carducci o encarregou com a organização das homenagens a serem feitas no teatro da cidade a Giuseppe Verdi, morto no dia anterior, em Milão. Todavia, conforme relatou um colega de classe, que estava presente naquela ocasião, o jovem orador de 18 anos se entusiasmou e em seu discurso pouco tratou do grande artista homenageado, falando,

---

2. Mussolini, *Opera Omnia*, vol. I, p. 242.243.

antes e muito, de sua paixão patriótica pelo *Risorgimento*,[3] de suas decepções com o que ocorreu na Itália, após sua unificação, e das desigualdades que distanciavam a classe dirigente do proletariado. O diretor do colégio, inquieto com a visada política que então tomara a homenagem, se aproximou do jovem, no intuito de contê-lo "com um gesto afetuoso. Mas, já era tarde demais. Todos sabiam que, apesar de tudo, o diretor gostava muito daquele estudante. Além disso, àquela altura, os aplausos já haviam tomado conta de toda a cena".[4]

No dia 30 de janeiro, o jornal de Bolonha *Il Resto del Carlino*, em uma crônica sobre as homenagens prestadas a Verdi, por ocasião de sua morte, informava que "o estudante Benito Mussolino (sic) pronunciou um discurso muitíssimo aplaudido de comemoração dedicado ao grande mestre Verdi". Dois dias depois, em uma publicação da sucursal de Forlimpopoli do jornal do partido socialista *Avanti* afirmava que "no teatro municipal o companheiro e estudante Mussolini prestou homenagens a Giuseppe Verdi, pronunciando um discurso bastante aclamado".[5]

Três anos mais tarde, um pronunciamento de Mussolini era novamente citado na imprensa. No dia 23 de março de 1904, o jornal socialista suíço *Le Peuple de Genève* relatava que no dia 18 daquele mês, na cervejaria *Handwerk*, o aniversário da Comuna de Paris havia sido comemorado pelos socialistas suíços e por socialistas de outros países europeus, que então

---

3. Nota do tradutor: o *Risorgimento* consiste no processo da história italiana durante o qual houve a unificação nacional da Itália. Esse processo de unificação foi concluído com a proclamação do reino da Itália, em março de 1861.

4. Pini, G.; Susmel, D. *Mussolini. L'uomo e l'opera*. I. *Dal socialismo al fascismo (1883–1919)*, Florença: La Fenice, 1953, p. 56.

5. Mussolini, *Opera Omnia*, vol. I, p. 244–245.

viviam na Suíça: "O discurso para os italianos foi pronunciado pelo companheiro Mussolini, que com grande eloquência investiu contra os detratores da Comuna e traçou o caminho pelo qual deve seguir a classe operária para garantir as liberdades necessárias à sua completa emancipação".[6] Mussolini estava já há dois anos na Suíça, para onde havia emigrado em busca de trabalho e aventura e onde se tornou rapidamente jornalista, propagandista e agitador socialista junto aos trabalhores italianos igualmente imigrados. Naquela ocasião, ele ainda redigiu uma breve crônica a respeito da comemoração genebrina, publicada no dia 27 de março de 1904, no periódico *Avanguardia Socialista*:

No último dia 18 de março, os grupos socialistas de Genebra comemoraram o aniversário da Comuna de Paris. Na cervejaria *Handwerk*, havia a habitual multidão cosmopolita. Wyss fez um discurso em alemão; Tomet, em francês; e em italiano falou este seu correspondente. Os vários grupos cantaram hinos revolucionários. Houve belas e luminosas projeções que ilustravam os principais episódios da Comuna. Nos confraternizamos com companheiros russos, que responderam às nossas intervenções e aos nossos hinos com gritos de "Viva o Proletariado italiano. Viva o Socialismo!"[7]

Naquela noite de comemoração na cervejaria, também se fez um discurso em russo aos russos que ali estavam presentes. É quase certo que foi Lênin quem o pronunciou.[8]

---

6. Trecho citado por Gagnebin, B. "Mussolini a-t-il rencontré Lenine a Genève en 1904?". In: Monnier, L. (Org.). *Genève et l'Italie*, Paris/Genebra: Bibliothèque Romande, 1969, p. 290.
7. Mussolini, *Opera omnia*, vol. I, p. 79–80.
8. Gentile, E. *Mussolini contro Lenin*, Roma-Bari: Laterza 2017, cap. I.

CONSTANTE NA METAMORFOSE

A dissertação sobre o ensino da história redigida pelo jovem Mussolini e os relatos e registros da homenagem a Verdi e da comemoração do aniversário da Comuna de Paris são os primeiros documentos sobre a formação de Mussolini que já contêm embrionariamente algumas das características essenciais de seu estilo oratório, tal como elas se desenvolveriam nas quatro sucessivas décadas de sua militância política, vivida em fases diversas e bastante contrastantes umas com outras: a passagem do socialismo internacionalista e antimilitarista ao intervencionismo nacionalista (1900–1914); o período da Primeira Guerra Mundial até o fascismo libertário, passando pelo antistalinismo e pelo fascismo individualista (1915–1920); em seguida, a época de sua opção pelo fascismo monárquico, estatutário e totalitário (1921–1943); e, finalmente, a fase de seu fascismo republicano socialista, durante os dois últimos anos de sua vida (1943–1945).

Recusando decisivamente o método anti-histórico, que foi frequentemente empregado por diversos especialistas na vida e no pensamento de Mussolini, mediante o qual se encontram traços do *Duce* totalitário já em sua militância marxista, apresentaremos alguns exemplos do desempenho oratório mussoliniano, passando por diferentes fases de sua fala política, desde sua militância socialista, em sua juventude, até o início do regime fascista. Ao fazê-lo, retraçaremos as características peculiares de seu estilo oratório, indicando os motivos fundamentais de suas concepções de vida, de sociedade, de história e de política, que permaneceram constantes no curso de sua metamorfose ideológica:

a) concepção da política: *subjetivamente*, ele a concebe como arte, ou seja, como intuição individual das circunstâncias apropriadas que podem ser elaboradas pela vontade do homem político; *objetivamente*, como manifestação da força e do conflito entre as ambições e interesses de grupos sociais antagonistas: as classes sociais, as nações, os Estados;

b) redução das ideias a mitos, que são instrumentos capazes de suscitar e canalizar as paixões das massas e de conquistar sua fé, impelindo-as à ação;

c) desprezo pelas massas, mas também apreciação realista de sua importância como força política da sociedade moderna, sem, contudo, depositar nenhuma confiança em sua capacidade de evoluir em direção a modos de consciência coletiva autônoma e a uma autonomia de governo;

d) visão da história como um ciclo criador de baixa energia, mas também como uma atividade criadora do Estado e da civilidade, sem, contudo, projetar nenhum fim em sua perpétua evolução;

e) possibilidade de regeneração social ou de revolução por meio da iniciativa de grandes líderes, concebidos como *novos homens*, que conseguem impor suas vontades de poder, ao agirem além das regras morais comuns;

f) pessimismo a respeito da natureza dos homens, considerados egoístas e inclinados ao mal, caso não sejam submetidos e disciplinados por um poder superior, que lhes imponha uma disciplina que forje o caráter.[9]

Com base na trama constante desses motivos, Mussolini elaborou, inicialmente, sua ideologia no interior do socialismo marxista revolucionário e, mais tarde, sua ideologia do fascismo, em sua primeira versão libertária (1919–1920) e, posteriormente, em sua versão totalitária (1921–1943). Ainda que a combinação constante desses motivos constitua o fio de continuidade que acompanha as metamorfoses da vida política mussoliniana, isso não significa que no Mussolini socialista já estivesse incubado o Mussolini fascista, de modo a dar a impressão de que o socialismo marxista mussoliniano seria um tipo de socialismo não verdadeiramente marxista, mas uma prefiguração do fascismo. Isso posto, é preciso afirmar que, sem dúvida, tanto o Mussolini marxista quanto o Mussolini fascista partilhavam da mesma aversão à democracia parlamentar e ao liberalismo. Caso tivesse desaparecido em 1913, Mussolini passaria a ser conhecido na história como um líder do socialismo revolucionário italiano, que havia estabelecido e mesmo imposto à direção do Partido Socialista uma concepção revolucionária do marxismo e da luta de classes como a vanguarda da consciência do partido revolucionário do proletariado. No momento em que, graças à intransigência de Mussolini, então com 29 anos de idade, a corrente revolucionária assume a direção do Partido Socialista italiano, durante o congresso nacional de 1912, Lênin escreve em seu *Pravda* que o socialismo italiano "havia tomado o bom caminho".[10]

---

[9]. Cf. Gentile, E. *Le origini dell'ideologia fascista (1918–1925)*, Bolonha: Il Mulino, 1996, p. 61 e seguintes.
[10]. Lenin, V. I. *Sul movimento operaio italiano*, Roma: Riuniti 1962, p. 81 e seguintes.

Todavia, sem a Primeira Grande Guerra, que provocou uma verdadeira metamorfose no Mussolini socialista, a partir dos meses de julho e agosto de 1914, não teria havido um Mussolini intervencionista e fascista e nem mesmo o fascismo. Se Mussolini tivesse morrido no fronte no outono de 1915, ele entraria para a história como o ex-dirigente do Partido Socialista e diretor do *Avanti*, depois de ter sido expulso do PS em novembro de 1914, e como um socialista intervencionista, tal como era a maioria dos socialistas europeus daquela época. Já se tivesse morrido em 1919, ele passaria para a história como intervencionista e veterano de guerra, que, depois do fim do conflito mundial, havia tentado em vão retomar um papel político na direção de um movimento denominado *Fasci di combattimento* (Conjuntos de combate), fundado em 23 de março de 1919, com um programa republicano genérico, libertário, antiestatal e individualista, que até o fim da década de 1920 teve um número exíguo de partidários e uma presença violenta e ruidosa, mas marginal na luta política italiana.

Com efeito, depois de nove meses de seu nascimento, em dezembro de 1919, o movimento fascista contava somente com 800 membros em toda a Itália. Na ocasião das eleições de novembro de 1919, Mussolini obtém menos de cinco mil votos; e, ao final de 1920, os fascistas somavam ainda somente alguns poucos milhares, dispersos pelo território italiano. Durante esse período, Mussolini fez muitos pronunciamentos, mas, sem o concurso de outros fatores, sua oratória permanecia sem maiores poderes de sugestão sobre as massas.

Sem a repentina explosão do *squadrismo*,[11] entre 1920 e 1921 — uma explosão que se produziu independentemente de Mussolini e transformou seu minúsculo movimento em um movimento armado de massa — provavelmente o ex-socialista revolucionário, intervencionista e libertário permaneceria na condição de jornalista e jamais se tornaria o líder de um regime totalitário. Foi graças, antes, ao *squadrismo* armado, do que aos talentos de jornalista e de orador de Mussolini, que o exíguo movimento dos *Fasci di combattimento* se tornou um movimento de massa. Em maio de 1922, a marcha fascista já havia ultrapassado os cem mil membros e Mussolini foi eleito deputado nas eleições de 1921, com mais de duzentos mil votos.

Além disso, entre agosto e novembro de 1921, ocorre uma outra metamorfose mussoliniana. Ela acontece quando o Mussolini fascista libertário, antiestatal e individualista, que até havia flertado com a anarquia, depois de ter visto naufragar o projeto de transformar o movimento fascista em um partido parlamentar, por meio da desmobilização de suas facções armadas, se converte ao *squadrismo*. Logo após essa conversão, ele assume a direção nacional do partido fascista, criado em novembro de 1921, como um partido armado e abertamente antidemocrático.[12]

---

11. Nota do tradutor: o *squadrismo* foi um fenômeno político e social de constituição de milícias fascistas, que atuaram na década de 1920 contra os adversários do então nascente regime de Mussolini. O termo ainda designa a ideologia desse movimento e suas ações.

12. Cf. Gentile, E. *Storia del partito fascista. 1919–1922. Movimento e milizia*, Roma-Bari: Laterza, 1989, p. 314 e seguintes.

Depois de 1921, como líder do partido fascista, Mussolini se vale, sobretudo, de discursos dirigidos às massas cada vez mais numerosas de fascistas e igualmente àquelas de seus simpatizantes, para elaborar uma nova ideologia do fascismo estatal e antidemocrático, modelada com base na experiência concreta do *squadrismo*, que havia imposto um controle ditatorial nas províncias italianas, nas quais esse movimento armado havia destruído o predomínio do Partido Socialista mediante ações violentas. O novo fascismo encarnado em um partido dotado de milícia, ao se identificar com a nação, buscou eliminar o Estado liberal para instituir o Estado fascista, concentrando no fascismo o monopólio do poder. Como de fato ocorreria mais tarde, a marcha sobre Roma conduziu o líder do partido fascista e armado à condição de chefe do governo do Estado italiano e o transformou em um Estado totalitário.[13]

Durante aquele período de adesão ao *squadrismo*, Mussolini teve de lutar para conquistar e consolidar seu papel de líder do fascismo e ele obteve êxito nessa luta graças aos seus talentos de grande orador. Certamente, ele não apenas era o mais hábil e o mais eficiente entre os jovens dirigentes do *squadrismo*, mas também era o mais competente e o mais eficaz entre todos os demais dirigentes dos partidos italianos. Além de ser o mais jovem, ele foi o único entre todos os líderes do Estado italiano que conseguiu com seu desempenho oratório estabelecer um contato direto e frequente com a população de todas as regiões da Itália e instituir desde os primeiros meses de governo um amplo consenso popular.

---

13. Cf. Gentile, E. *Soudaine, le fascisme*, Paris: Gallimard, 2015.

Essas sintéticas observações sobre a trajetória política mussoliniana, que insistem em destacar suas metamorfoses relacionadas às sucessivas situações históricas, sempre novas, inesperadas e imprevisíveis, buscam propor um exame da oratória de Mussolini, que não seja anacrônico, ou seja, que não projete retrospectivamente as sombras do líder totalitário no fascista libertário, no fascista intervencionista e até mesmo no socialista revolucionário. Nossa intenção consiste, antes, em demonstrar como o desempenho oratório mussoliniano foi essencial nas diferentes fases de sua trajetória política para suscitar a sugestão carismática na própria pessoa de Mussolini, mesmo em contextos políticos distintos e em públicos bastante diversos e até mesmo opostos uns aos outros. A extraordinária singularidade da experiência oratória de Mussolini, quando comparada às de outros oradores carismáticos do começo do século XX, reside precisamente em sua biografia política particular, com suas sucessivas metamorfoses.

Uma atividade oratória que perdurou ininterruptamente por quase quatro décadas somente pode ser examinada aqui por meio de alguns de seus casos mais emblemáticos.[14] É necessário, porém, começar com casos do período em que Mussolini era um socialista revolucionário, porque foi então que,

---

14. A oratória de Mussolini não dispõe de um estudo sistemático e completo, que examine os aspectos linguísticos, estilísticos, culturais e ideológicos em seus diferentes contextos históricos. Entre as publicações realizadas durante o período fascista, a apologia prevalece sobre a análise crítica, enquanto nas publicações posteriores ao fim do fascismo, predominam os estudos linguísticos, que, por razões culturais e ideológicas, se limitam aos traços grotescos e às contradições dos discursos mussolinianos. Nós nos limitaremos a mencionar aqui os estudos mais interessantes, contemporâneos a Mussolini ou publicados após sua morte: Ardau, G. *L'eloquenza mussoliniana*, Milão: Mandadori, 1929; Gustarelli, A. (Org.) *Mussolini oratore e scrittore*. Milão: Vallardi, 1935; Bianchi, L. *Mussolini oratore e scrittore*, Bolonha: Il Mulino, 1937; Adami, E. *La lingua di Mussolini*, Modena: Società Tipografica Modenese, 1939; Ellwanger, H. *Sulla lingua di Mussolini*, Milão: Mondadori, 1941; Leso, E.

juntamente com a carreira de jornalista, emergiu entre 1912 e 1914 a originalidade do Mussolini orador. Foi justamente como orador que ele obteve grande sucesso no interior do Partido Socialista e entre as massas proletárias. Em seguida, seguiremos a trajetória mussoliniana durante os anos do período posterior à Primeira Guerra, entre 1921 e 1922, quando a oratória de Mussolini cumpriu uma função decisiva em sua ascenção à condição de líder do fascismo, então organizado com suas milícias, de tal sorte que, com a violência de suas facções, em poucos meses, o movimento conseguiu se impor como o mais forte partido italiano e conquistar o poder. A oratória de Mussolini foi também absolutamente decisiva nos dois primeiros anos depois da ascensão do fascismo ao poder para transformar o líder de um partido armado em chefe do governo mais popular em toda história da Itália; tal transformação ocorreu, tal como demonstram vários exemplos, graças ao contato direto de Mussolini com as massas populares de diversas regiões italianas. Finalmente, no intuito de tratar do líder totalitário, examinaremos o exemplo mais significativo, que é certamente o do dia 09 de maio de 1926, quando da sacada do Palácio de Veneza o *Duce* anunciou "o retorno do Império nas mortais colinas de Roma".

"Aspetti della lingua del fascismo. Prime linee di ricerca", in *Storia linguistica dell'Italia nel Novecento*, Roma, 1973; Lazzari, G. *Le parole del fascismo*, Roma: Argileto, 1974; *La lingua italiana e il fascismo* (Vários autores), Bolonha, Treccani, 1977; Simoni, A. *Il linguaggio di Mussolini*, Milão: Bompiani, 1978; *Parlare fascista. Lingua del fascismo, politica linguistica del fascismo* (Vários autores), in "Movimento operaio e socialista", n. 1., janeiro-abril de 1984; Golino, E. *Parola di duce. Il linguaggio totalitario del fascismo e del nazismo*, Milão: Rizzoli, 2011.

O ORADOR DE HISTÓRIA MONUMENTAL

Nos primeiros vinte anos de sua vida política, de 1902 a 1920, apesar das diversas metamorfoses ideológicas, a oratória mussoliniana conserva traços constantes. O mais importante é o laço entre a história e a atualidade, tal como havia sido mencionado pelo estudante Benito em sua dissertação escolar, característica que esteve sempre presente na eloquência de Mussolini durante todo o período de sua militância política. O objetivo dessa conexão era o de influenciar os públicos de seus discursos, tocando em seus sentimentos, e, assim, formar suas consciências. Inicialmente, socialista, e, mais tarde, fascista, o orador Mussolini sempre concebeu o auditório de seus pronunciamentos como um conjunto de estudantes ao qual era necessário ensinar "o verdadeiro e o justo", por meio de exemplos da história conectados à atualidade.

Mussolini – para empregarmos aqui uma distinção feita por Friedrich Nietzsche, um filósofo que teve grande influência na formação de sua cultura e personalidade – era adepto e entusiasta da "história monumental", ao passo que tanto era indiferente à "história antiquária", que presta um culto reverente ao passado, quanto desprezava a "história crítica", que considera o passado a partir de observações desvinculadas das necessidades da vida contemporânea. "Se o homem pretende criar coisas grandes, ele precisa do passado, que se impõe mediante uma história monumental", sem se curar completamente das mutilações que o passado lhe infligiu, porque "grandes segmentos do passado são esquecidos, desprezados e fluem como uma torrente cinzenta ininterrupta, de modo que apenas fatos singulares adornados se alçam por sobre o fluxo como ilhas".[15]

Na oratória mussoliniana, os "fatos singulares adornados" citados em seus discursos pronunciados em plena efervescência política para "criar coisas grandes" eram os grandes acontecimentos do passado, que haviam produzido "modificações na atividade e na consciência humana", tal como escrevera o estudante Benito. Na oratória do socialista Mussolini, esses acontecimentos eram, principalmente, a Comuna e, mais geralmente, a Revolução Francesa. Já para o Mussolini intervencionista, eram as guerras da França revolucionária e o *Risorgimento*. Finalmente, durante o fascismo, era sobretudo a história da Roma antiga. Mas, nas diferentes etapas, foi constante a convicção de Mussolini na evocação histórica como instrumento poderoso para sugerir e influenciar os públicos ouvintes de seus pronunciamentos, ao lhes dar o sentimento de participar da atualidade, ao mesmo tempo em que estariam imersos no fluxo da história e criando "coisas grandes" no presente, inspirados pelas "grandes coisas" do passado. "Evoquemos o passado, apreendamo-lo, e sintamos a 'continuidade' da vida, para que possamos encontrar nos dias de outrora as razões de nossos dias e em nossos dias os elementos necessários para construirmos o amanhã".[16]

---

15. F. Nietzsche, *Sull'utilità e il danno della storia per la vita*, Milão: Adelphi, 1974, p. 21–23. A influência da ideia de "história monumental" sobre a oratória mussoliniana já fora observada por Hermann Ellwanger em *Sulla lingua di Mussolini, op. cit.*, p. 37 e seguintes. A propósito da influência de Nietzsche sobre Mussolini, ver: Nolte, E. Marx und Nietzsche im Sozialismus des jungen Mussolini, in *Historische Zeitschrift*, outubro de 1960, p. 304 e seguintes.
16. Mussolini, *Opera Omnia*, vol. II, p. 58.

Nos pronunciamentos socialistas e fascistas de Mussolini, o poder evocador da história prescindia de precisão filológica, que a abordagem dos discursos mussolinianos negligenciava facilmente, para mais bem exprimir julgamentos e projetar imagens verbais, que se poderiam imprimir no espírito das massas. Os apelos à história eram um meio empregado por Mussolini para legitimar sua ação política, quando ele estava comprometido em sua luta pelo poder, tanto no interior do Partido Socialista quanto, mais tarde, no movimento fascista. Além disso, a frequente referência à história, nos discursos socialistas, mas também nos fascistas, tinha o objetivo de demonstrar que suas ideias, suas escolhas e decisões não eram ditadas pelas circunstâncias, mas provinham de uma reflexão sobre a realidade contemporânea à luz da experiência histórica e estavam na boa direção do curso da história. Enfim, a "história monumental", especialmente durante a fase fascista de Mussolini, foi o meio para imediatamente estabelecer uma comunhão emotiva com as massas das várias cidades da Itália, visitadas pelo *Duce* desde os primeiros meses de sua ascensão ao poder até as vésperas da Segunda Guerra Mundial. Em cada uma dessas cidades, Mussolini começa por se identificar com a massa mediante a inserção de sua visita entre os grandes acontecimentos históricos vividos pela gente daquele lugar, acontecimentos exaltados como momentos de revelação da grandeza do povo italiano, que finalmente havia encontrado no *Duce* seu intérprete e seu artífice.

O POVO APRENDIZ

No que concerne a audiência de suas falas públicas, Mussolini sempre teve a postura do mestre – tal como ele mesmo o havia esboçado em sua dissertação da juventude – que deve suscitar os sentimentos mais elevados no povo que o escuta. Para tanto, a atividade oratória era indispensável, conjuntamente com o jornal, mas ainda mais do que este último, porque seu público consistiria em uma sociedade na qual a população contava ainda com um grande percentual de analfabetos.

Desde os primeiros anos de sua militância socialista na Suíça, as atividades de Mussolini, constituídas de uma intensa atividade jornalística, compreendem uma tão ou mais intensa atividade como orador, em comícios ou em conferências, nas quais ele tratava de assuntos históricos e culturais, sempre tentando, mesmo que as discussões versassem sobre os temas mais diretamente relacionados ao presente, situar os acontecimentos atuais em uma perspectiva histórica. Sua concepção do povo então se limitava ao proletariado e sua prática oratória era, principalmente, dedicada a expor clara e nitidamente sua compreensão revolucionária do socialismo, em violenta polêmica contra a direção de tendência reformista do Partido Socialista. O Mussolini orador, ao falar aos círculos restritos de militantes ou ao falar em comícios mais amplos, se dirigia às massas de operários, ou seja, se endereçava ao povo proletário, com a postura do mestre que deve fascinar seus alunos para elevar seus sentimentos e consciências.

Essa atitude era consequência de sua concepção do público de seus pronunciamentos. A multidão, a massa, enfim, o povo, concebidos como uma entidade coletiva, seriam incapazes, por sua própria natureza de coletividade anônima, de se alçar a melhores condições de vida sem a direção de um líder e de uma elite organizada sob a forma de um partido. Nesse sentido, em 1909, Mussolini confessava o seguinte: "Meu temperamento e minhas convicções me levam a preferir um pequeno grupo resoluto e audaz a uma massa numerosa, mas caótica, amorfa e vil".[17]

De seus tempos de socialista revolucionário, Mussolini manteve sempre a ideia de que o partido deveria primar por sua vanguarda, em detrimento da extensão numérica de seus componentes, mesmo que houvesse centenas de milhares de outros membros na composição do quadro partidário. Uma das pedras angulares de sua concepção política era a crença, conforme ele a expressou em 1908, de que a história "não é nada mais do que uma sucessão de elites dominantes"; e conforme ele reiteraria em 1913: "A luta na sociedade humana sempre foi e sempre será uma luta de minorias. Reivindicar a maioria absoluta – quantitativamente – é um absurdo. Jamais se lamentará que a maioria do proletariado não esteja na direção das organizações econômicas e políticas. E os demais? A luta de classes é, em última instância, uma luta de minorias. A maioria segue, se submete",[18] porque "a massa é somente quantidade; é inércia. A massa é estática; as minorias são dinâmicas".[19]

O Mussolini socialista costumava declarar abertamente que preferia a "qualidade" à "quantidade": "Ao rebanho obediente, resignado e idiota, que segue o pastor e se desespera diante do primeiro uivo dos lobos, preferimos o pequeno grupo, resoluto e ousado, que dá fundamento racional às suas convicções. Esse pequeno grupo sabe o que quer e vai

---

17. Mussolini, *Opera omnia*, vol. II, p. 75.
18. Mussolini, *Per l'intransigenza del socialismo*, in "Avanti!", 29 marzo 1913.
19. Sobre o Mussolini socialista, conferir: Megaro, G. *Mussolini dal mito alla realtà*, Milão: Il Mulino, 1947; De Felice, R. *Mussolini il rivoluzionario (1883–1920)*, Torino: Einaudi, 1965; Gregor, J. A. *The Young Mussolini and the Intellectual Origins of Fascism*. Berkely/Los Angeles: University of California Press, 1979; Gentile, E.; Di Scala, S. M. (Org.) *Mussolini socialista*, Roma-Bari: Laterza, 2015.

diretamente em direção a seu objetivo", afirmou em 1910, ao difundir os propósitos de sua propaganda socialista. Esses propósitos eram difundidos, antes, por meio de conferências culturais do que por discursos com frases de efeito.[20]

A despeito de seu desprezo pelas massas, Mussolini considerava a propaganda que lhes era endereçada como algo indispensável ao desenvolvimento de um partido socialista revolucionário, no qual cabia aos seus líderes a função pedagógica de educar culturalmente o proletariado. Por essa razão, o jovem revolucionário dava considerável "importância ao elemento teórico e doutrinário na existência do socialismo", tal como declarou em 30 de maio de 1908:

É a cultura, é a sua máxima difusão que deve preparar a nova alma, é a cultura que dará ao elemento humano a capacidade de sair da vida bestial do mundo ordinário, a capacidade de compreender a beleza de uma ideia e de se interessar pelas grandes questões. A influência da literatura socialista será ainda maior quando o operário se dedicar ao livro como a um fiel amigo e, assim, buscar atingir a elevação de sua própria inteligência e a libertação da escravidão de seu espírito. É com esse esforço determinado e consciente que a classe operária marcará uma nova e luminosa etapa na história da humanidade.[21]

Mussolini continuava sempre a se valer de sua atividade oratória, mas passou a fazê-lo ainda com maior intensidade a partir de 1909, na condição de secretário da Federação Socialista de Forli, na Romagna. Em 10 de abril de 1910, na ocasião do primeiro congresso da Federação, Mussolini, em seu relatório sobre sua atividade de secretário, sublinha seu trabalho de propaganda, enumerando as conferências que

---

20. Mussolini, *La nostra propaganda*, in "La Lotta di Classe", 12 de fevereiro de 1910.
21. Mussolini, *Socialismo e socialisti*, in "La Lima", 30 de maio de 1908.

havia feito em várias circunstâncias, e afirma que ele havia pretendido "explicar durante essas conferências os princípios do socialismo, antes, a um público de socialistas do que a um habitual auditório de curiosos":

O trabalho de proselitismo já foi realizado ou, em todo caso, já caminhou a passos largos em nossa região; agora se trata de dar uma consciência socialista aos que estão inscritos em nosso Partido. Não precisamos nos preocupar somente com a "quantidade", mas também, e isso é ainda mais importante, com a "qualidade". (...) Não creio que alguém entre os que ouvem minhas conferências diria algo como: 'Somos poucos!' E se esse fosse o caso, devo dizer que eu não poderia fazer nada além do que faço para retê-lo. Não poderia fazê-lo por respeito ao meu cérebro, à minha condição de guardião da propaganda e de fonógrafo ambulante. Devo ler uma infinidade de jornais, muitas revistas e muitos livros para que eu me mantenha bem informado sobre o movimento socialista e intelectual contemporâneo; e ler tudo isso toma um tempo considerável. Muito melhor são as conferências de pensamento denso e para poucos do que um rosário de tagarelices, superficialidade e arroubos retóricos. Continuarei com minhas funções nessas ocasiões e não abrirei mão de minha fala a cada vez que ela for necessária.[22]

De 1910 a 1912, a oratória mussoliniana esteve exclusivamente dedicada aos socialistas em reuniões locais ou aos trabalhadores em situações de agitação política. Os resumos desses seus pronunciamentos, publicados pela imprensa, terminam sempre com a seguinte menção: "fortes aplausos". Mussolini passa a obter maior notoriedade, mesmo em nível nacional, a partir de 1911, quando foi um dos principais organizadores das manifestações de protesto contra a guerra com

---

22. Mussolini, *Opera Omnia*, vol. III, p. 70–71.

a Líbia. Essas suas ações o conduziram a uma condenação a alguns meses de prisão, mas lhe garantiram igualmente a conquista de um renome além dos limites de sua província.

UM ORADOR MEIO ESTRANHO

O sucesso local da oratória mussoliniana foi confirmado com o considerável aumento no número de membros da Federação socialista de Forli. Todavia, o primeiro discurso proferido por Mussolini em um congresso socialista nacional foi um fiasco. No dia 20 de outubro de 1910, na condição de dirigente de uma província e de militante da ala revolucionária do partido, Mussolini tomou a palavra no XI Congresso do Partido Socialista, realizado naquele ano em Milão, em ofensiva contra a direção da ala reformista do partido. Era, então, seu primeiro discurso diante de uma plateia de âmbito nacional. Ele começou dizendo que faria apenas algumas "declarações telegráficas, antes de mais nada para não prolongar aquela discussão, que mais parecia um debate acadêmico ou um conselho ecumênico". Em seguida, atacou os reformistas, que então estavam na direção do Partido Socialista, sustentando que o partido deveria adotar uma política de intransigência revolucionária. O breve discurso foi frequentemente interrompido por rumores e gritos hostis; e, ao seu final, houve somente "alguns aplausos".[23]

Porém, apenas dois anos mais tarde, no XIII Congresso Socialista, que ocorreu em Reggio Emilia, em julho de 1912, o jovem socialista da Romagna, então com 29 anos, conseguiria uma clamorosa revanche. Seu discurso contra os reformistas, apesar de algumas interrupções, ruídos e tumultos,

---

23. Mussolini, *Opera Omnia*, vol. III, p. 208–211.

foi acompanhado e seguido de "vivos e prolongados aplausos e ainda de numerosas congratulações".[24] Com seu discurso, Mussolini conduziu a ala revolucionária à vitória na disputa pela direção do Partido Socialista e, em seguida, conquistou ainda a direção do jornal do partido, o *Avanti*, de cuja chefia editorial ele mesmo se tornou o titular. Repentinamente, o jovem romagnolo se alçou às luzes da ribalta política nacional com o sucesso oratório que teve naquele congresso.

O jovem orador causou uma forte impressão nos numerosos participantes do congresso e mesmo entre seus adversários, tanto por sua personalidade quanto, sobretudo, por seu inédito e insólito estilo oratório. Os comentários sobre seu pronunciamento são particularmente significativos não apenas porque indicam como a personalidade de Mussolini suscitava as emoções carismáticas, sem a intervenção da manipulação via propaganda, mas também porque todos eles se concentram na originalidade de seu discurso, que parecia perturbar a longa tradição da retórica política daqueles tempos e mesmo a própria tradição retórica do Partido Socialista.[25] *Il Messaggero*, jornal liberal de Roma, comentava assim aquele pronunciamento: "O primeiro orador da tarde foi o prof. Mussolini, o ardente revolucionário de Forli. Ele pronunciou um discurso paradoxal". Por sua vez, o cotidiano moderado de Florença, o *Nuovo Giornale*, afirmava que a sessão havia começado "de maneira mais tempestuosa e violenta possível. Mussolini, o ardente professor romagnolo, subira à tribuna: ele é absolutamente intratável, ele é tão intransigente que continua a falar mesmo com os contínuos

---

24. Mussolini, *Opera Omnia*, vol. IV, p. 160–170.
25. Todas as citações dos comentários dos jornais sobre o discurso de Mussolini foram extraídos de: Mussolini, *Opera Omnia*, vol. IV, p. 292 e seguintes.

rumores da audiência". Já o expoente da corrente liberal, o *Corriere della Sera*, ressaltava o sucesso do orador "magro, áspero, que falou franca e sinceramente e que agradou os membros do congresso, porque estes sentiram que havia nele um intérprete de seus próprios sentimentos. (...) Os insistentes aplausos provinham da grande maioria do congresso. Por ter falado com grande preocupação e ardor, Mussolini desceu da tribuna pálido e extenuado, mas continuamente aplaudido e parabenizado por vários colegas". *Il Secolo*, cotidiano democrático de Milão, escreveu que o revolucionário socialista discursara ao congresso, e que seus integrantes "haviam ficado encantados com o discurso de Mussolini",

um original agitador romagnolo, que não repetiu as razões de sua própria condição de revolucionário a partir do velho arsenal de companheiros dessa tendência e que, tal como ocorre com seus rigorosos estudos que se tornam a fonte de sua cultura variada, no frequente contato com as massas operárias durante a bem-sucedida campanha na Romagna, alcançou o calor de sua fé e seu irredutível instinto revolucionário. Depois de Lazzari, que insistia demais na mesma nota e o fez durante muitos anos, batendo sempre na mesma tecla, Mussolini foi o único que pôde justificar seu desapreço por outras tendências e explicar como a corrente revolucionária se distingue claramente das demais. Todos os outros que discursaram bem ou mal não conseguiram este efeito: mostrar que, no fundo, todos eles possuem uma mesma alma.

Outro jornal liberal de Torino, o *La Stampa*, assim o definia: "Mussolini, um dos mais notáveis líderes revolucionários e também um dos mais intransigentes. Com gesto vivíssimo e com oratória violenta, ele nega o direito de autonomia ao grupo parlamentar. Os companheiros de Mussolini, que o seguem com grande e calorosa simpatia, aplaudiram bastante seu discurso". Já o *La Vita*, um jornal romano, ironizava "o reconhecido, autorizado e respeitado chefe dos ultra-intransigentes. Esse chefe é certamente Mussolini, que é também chamado de Benito. Tão logo alguém o vê, já compreende que é intransigentíssimo. (...) Ao se pronunciar, ele recebe estrondosos aplausos. Mussolini sorri e anuncia que passará a apresentar a festiva programação do dia.". Finalmente, o já mencionado cotidiano florentino, o *Nuovo Giornale*, no dia 10 de julho de 1912, resumia o discurso de Mussolini ao mesmo tempo com palavras de crítica e de admiração:

A teoria do prof. Mussolini... é meio estranha. Mas, ela é sustentada por um homem sutilmente dialético, fecundo e soberbo: um verdadeiro tipo de pensador original, que sempre pretende encontrar uma nova via e que começa a se impor, abrindo docemente essa via e a insuflando com os talentos de sua engenhosidade e de sua rude oratória, que agrada bastante os rudes romagnolos. (...) O socialismo deveria, portanto, se tornar puramente um partido político, que visa a subverter as atuais instituições para fazer funcionar maximamente seu programa. Como se pode ver, a teoria é estranha e renega os benefícios de que as classes sociais e a sociedade em geral podem usufruir da legislação. Porém, não lhe faltam adeptos.

A REVELAÇÃO DE UM HOMEM

Os comentários mais entusiastas sobre os pronunciamentos de Mussolini provêm dos jornais da esquerda revolucionária. Paolo Valera, um sindicalista revolucionário, qualificava Mussolini como "o cérebro do socialismo revolucionário", dotado de um temperamento que não conhecia a instabilidade emocional: "Ele é todo feito de bronze. É um homem cheio de ideias, um homem repleto de ações". Em *La Propaganda*, um jornal sindicalista de Nápoles, encontramos a seguinte afirmação:

Um dos mais belos discursos foi o pronunciado por Benito Mussolini, o revolucionário romagnolo, diretor do *A Luta de classes*. Ele tem uma eloquência pessoal, sem fraseologias, afiada como navalha e sem nenhuma vulgaridade. Foi um dos maiores sucessos.

Em sua fala, ora mais dinâmica ora mais desacelerada, havia uma vibração abarrotada, principalmente, de verdade e de bondade. Ele não se apresenta como um magistrado do Ministério público que pretende condenar réus, mas como um soldado íntegro que deve executar uma obra fundamental, mesmo que para isso tenha de perder um pedaço de sua alma. Até mesmo os adversários devem tê-lo escutado com todo o respeito.

Na tribuna, drapeada de vermelho ao fundo, a figura desse jovem discreto e reflexivo, com dois olhos brilhantes, com uma chama de bondade espalhada por todo seu rosto, que acompanharia sua fala e seus gestos agitados, surgiu do fundo do teatro para expressar aos presentes toda a inquitação de seu pensamento, em que se podia sentir que ele continha a palpitação de seu coração, caso fosse decidido que se deveria retardar o caminho para o socialismo.

Ao descer da tribuna, entre as entusiasmadas aclamações, seus olhos brilhantes e sinceros não expressavam maior contentamento. Ele apenas havia cumprido seu dever, em defesa dos interesses do Partido.[26]

Quando, em dezembro de 1912, Mussolini foi nomeado diretor do *Avanti!*, seus companheiros de Forlí exultaram diante do sucesso de seu "*Duce* incorruptível".[27] Tal como uma extraordinária revelação, o Mussolini orador surgiu aos olhos de Leda Rafanelli, uma intelectual anarquista. Ao

---

26. Mussolini, *Opera Omnia*, vol. IV, p. 294-297.
27. Mussolini, *Opera Omnia*, vol. IV, p. 297.

ouvir o pronunciamento de Mussolini feito por ocasião do aniversário da província, ela o julgou melhor orador do que jornalista e comentou em abril de 1913 com os seguintes termos sua intervenção:

Benito Mussolini, diretor do *Avanti!*, é um socialista destes nossos tempos heróicos. Ele sente o vigor do socialismo e lhe deposita ainda toda sua confiança, com um *élan* repleto de força e virilidade. Ele é um homem. Eu o ouvi pela primeira vez no dia 18 de março, por ocasião da comemoração do aniversário da província, depois de já tê-lo conhecido através da leitura de seus artigos, cuja escrita traz formulações e ideias originais. Mas, eu o achei ainda melhor e mais forte como orador do que como jornalista. Ele é diferente de todos os oradores que pretensamente conduzem seus públicos ao êxtase. Seu pronunciamento não correspondeu a uma comemoração ordinária; foi, antes, a rememoração do sagrado período da Revolução e, ao mesmo tempo, a apresentação de repentinas revelações e o estabelecimento de preciosas relações. Em cada uma de suas palavras, em cada um de seus gestos, sua personalidade forte se expressava e despertava a atenção mesmo daqueles que poderiam estar mais distraídos. (...) Munido de um arsenal de ideias, de dados e de documentos que ilustravam sua fala, conseguiu, ainda assim, ser conciso, com um poder de síntese absoluto. Ele falava e transmitia perfeitamente suas ideias. Nem sequer uma única vez pretendeu dar ensejo aos aplausos, não o fez nem sequer em uma única das frases que se formavam em seus lábios, sempre animadas por uma íntima vibração de todos os seus sentimentos. Essas frases não eram adornadas por nenhuma palavra supérflua. A história da província foi exposta de modo vivo e verdadeiro, foi esculpida sob a forma de curtas formulações, dirigidas às centenas de ouvintes, como talvez ela jamais tenha sido revivida em todas as comemorações oficiais anteriores, que haviam ocorrido nestes últimos anos.

E Benito Mussolini revelou-se a mim quase como um artista da palavra e do pensamento, um artista colossal e despojado de refinamentos, que cria seus esboços e os desenvolve, sem dispor do tempo para poli-los e torná-los mais bem acabados. Mas a impressão que ele produz permanece gravada em nossos corações; o eco de suas palavras permanece gravado em nossos cérebros. Ele afirmou que estava pessimista em relação aos homens, mas que cria sempre na força da massa sublevada pela explosão diante da vontade burguesa de se enriquecer ainda mais durante a guerra e de perpetuar sua dominação. Ele suspendeu por um momento sua fala, provocando nossa expectativa, e, com sua voz plena de esperança, disse que a futura Revolução está próxima, certamente muito próxima...

Este ano, a província de Forlí teve uma digna comemoração com Benito Mussolini. Se a desejada Revolução não vier, esta província e nós mesmos estaremos entre aqueles que mais sofrerão muitos retrocessos.[28]

No congresso nacional do Partido Socialista, ocorrido em Ancona, em abril de 1914, teria havido novamente outro estrondoso sucesso pessoal do Mussolini orador. Já no momento em que subiu ao alto da tribuna, foi recebido com uma grande ovação de todos os congressistas, que o aplaudiram de pé. A essa eufórica recepção, o orador imediatamente replicou: "Eu os cumprimento com minhas mais cordiais saudações, anunciando imediatamente que serei telegráfico. Vou lhes falar somente alguns minutos, mesmo porque creio que seja desnecessário duplicar aqui oralmente o relatório escrito que certamente os senhores viram, leram e, espero, sobre o qual tenham meditado".[29] Ao encerrar seu segundo discurso naquele congresso, no qual ele solicitou e obteve a aprovação de sua proposta de interditar a pertença à

---

28. Citado por De Felice, R.; Goglia, L. *Mussolini. Il Mito*. Roma-Bari: Laterza, 1983, p. 94–96.
29. Mussolini, *Opera Omnia*, vol. VI, p. 163–168.

franco-maçonaria aos militantes socialistas, Mussolini, com seu estilo oratório original, exprimiu a concepção do partido revolucionário e recebeu uma longa e intensa série de aplausos de todos os membros do congresso:

O Partido é uma organização de soldados, de guerreiros, e não de filósofos e ideólogos; por conseguinte, como guerreiros, nós não podemos pertencer a um exército e ao mesmo tempo a um outro, do qual somos adversários. Mais luz! Eis o grito que soltou Goethe, ao morrer. Ele lamentou que não mais pudesse ver a luz. De nossa parte, como socialistas, dizemos: sempre mais luz e, assim, eliminaremos as trevas. Hoje, nós queremos travar nossos combates nas praças, sob a luz do sol, olhando uns aos outros no fundo de nossos próprios olhos.[30]

O principal jornal conservador italiano, *Il Giornale d'Italia*, comentou assim o sucesso pessoal de Mussolini: "As atitudes desse orador atraente e sombrio, com uma eloquência explosiva e autoritária, feita de frases refletidas e de incisões programáticas calculadas, foram muito bem recebidas por toda a assembleia".[31]

Entre 1912 e 1914, a atividade oratória, em conjunto com os artigos quase diários publicados no *Avanti!*, foi bastante importante para ampliar a popularidade de Mussolini entre as massas proletárias socialistas e para aumentar a estima que lhe dedicavam não somente os revolucionários italianos, mas também os intelectuais democráticos radicais. Na ocasião de um pronunciamento de Mussolini sobre o "valor histórico do socialismo", em 1914, Giuseppe Prezzolini estava entre o público ouvinte. Ele era um dos jovens intelectuais

---

30. Mussolini, *Opera Omnia*, vol. VI, p. 169-173.
31. Mussolini, *Opera Omnia*, vol. VI, p. 477-480.

da vanguarda italiana do começo do século XX e fundador da revista *La Voce* (1909-1913), que o também jovem Mussolini lia assiduamente e com a qual passaria mais tarde a colaborar, tornando-se, assim, amigo pessoal de Prezzolini. Ao recordar a impressão que o orador Mussolini havia causado em seu público naquelas circunstâncias, Prezzolini escreveu o seguinte:

Eu não fui o único a ser profundamente tocado por ele. Ninguém o interrompeu. Ninguém ousou tomar a palavra. Uma espécie de silêncio sombrio dominou o público, que estava fascinado por aquela nova eloquência, seca, tensa, decidida e pungente, composta por algo que era, antes, os sons vigorosos de uma trombeta e não uns meros gorjeios. Além disso, ao encerramento de seu discurso, explodiram os aplausos. Toda aquela ovação vinha das pessoas que jamais o haviam visto e ouvido antes. Talvez, fossem, inicialmente, avessos a Mussolini. Mas todos saíram de lá absolutamente convencidos.[32]

Um comentário similar foi feito por outro jornal, desta feita, sobre outro pronunciamento de Mussolini, realizado em Rovigo, no dia 21 de março de 1914, quando tratou do tema "Do capitalismo ao socialismo": "o orador muito culto e muito forte falou durante uma hora e meia, mantendo durante todo esse tempo a total atenção de seu público. Ele desenvolveu magistralmente seu tema e demonstrou sua grande cultura, seu pensamento denso e sua acuidade crítica fora do comum. Mesmo os dissidentes julgaram-no um grande orador".[33]

---

32. Prezzolini, G. *Mussolini oratore*, in Gentile, E. (Org.), *Mussolini e La Voce*, Florença: Sansoni, 1976, p. 216.
33. Mussolini, *Opera Omnia*, vol. VI, p. 472.

O «DUCE» CARISMÁTICO

Em menos de dois anos, o socialista romagnolo havia se tornado um mito entre os jovens revolucionários. Ademais, mesmo seus adversários mais implacáveis do Partido socialista, os reformistas, não resistiam ao fascínio produzido pela eloquência de Mussolini. Em seu comentário sobre o discurso de Mussolini em Ancona, o reformista Giovanni Zibordi, um de seus adversários mais obstinados, reconheceu seus méritos e sua decisiva atuação para o incremento da circulação do jornal socialista e para o aumento do número de membros do partido e afirmou que Mussolini "é muito querido por todos, em função de suas qualidades, que ultrapassam a tática política: a fé, a retidão, o caráter e o amor pela verdade, com os quais Mussolini fala na tribuna, mostram que ele está sempre em busca de uma verdade superior!"[34] O próprio Zibordi temia, contudo, a ascendência que Mussolini tinha sobre a massa proletária, e observava que no Partido socialista, tal como ele escreveu em 01 de agosto de 1914, o diretor do *Avanti!* havia instituído "uma ditadura que se baseia individual e coletivamente na psicologia ou, melhor, no sentimentalismo". Zibordi ainda acrescenta o seguinte:

Com o prestígio irresistível de sua combatividade áspera, mas ao mesmo tempo elevada, que arrasta as multidões, sem ser vulgarmente demagógico, com certas qualidades pessoais, tal como a de um crente fervoroso e de um soldado, Mussolini faz as massas engolirem qualquer coisa que ele queira.[35]

---

34. Prezzolini, *op. cit.*, p. 224.
35. Prezzolini, *op. cit.*, p. 226.

Por sua vez, Mussolini estava consciente dessa ascendência que ele exercia sobre as massas socialistas, mas também dava mostras de sua preocupação em afastar o risco de se tornar um objeto de idolatria. Na ocasião de um pronunciamento no Teatro municipal de Cesena, no dia 03 de maio de 1914, diante da ovação com a qual o público o acolhera, ele passou a dizer que "os aplausos eram destinados à sua fé e à obra que fora realizada pelo ideal comum, porque eu mesmo os considero como a expressão de uma repugnante idolatria, completamente avessa à minha própria natureza. O dia em que eu perceber que me tornei um ídolo, eu mesmo destruirei essa imagem".[36] Se crermos no que dizem as crônicas do *Avanti!*, pensaremos que os pronunciamentos de Mussolini, realizados seja em congressos seja em comícios, suscitaram sempre e em todos os lugares um grande entusiasmo. Foi exatamente isso o que teria ocorrido no dia 04 de junho de 1914, quando da realização de eleições em Milão, nas quais Mussolini era um dos candidatos ao conselho municipal. Ele teria sido recebido "por longas séries de aplausos entusiasmados e por gritos de 'Viva, viva o socialismo!'; e, ao concluir sua intervenção, saudando a vitória do "grande exército dos trabalhadores", teria sucedido um imenso aplauso, que durou muitos minutos e que fora acompanhado por gritos de "Viva Mussolini! Viva o *Avanti!* Viva o socialismo!"[37] Poucos dias mais tarde, em 11 de junho, no encerramento da violenta agitação da "semana vermelha", que Mussolini havia concebido e saudado como o prelúdio da revolução, em um comício na Arena de Milão, "uma imensa e delirante ovação

---

36. Mussolini, *Opera Omnia*, vol. VI, p. 180–182.
37. Mussolini, *Opera Omnia*, vol. VI, p. 204–205.

se seguiu ao término do magnífico discurso de nosso diretor. Foi um grande momento de comoção e de entusiasmo, que não se conseguiria descrever aqui".[38]

"Aplausos vibrantes, que se estenderam por muitos minutos", acolheriam também o primeiro discurso de Mussolini contra a guerra, pronunciado em Milão, no dia 29 de julho de 1914, na Câmara do Povo. Mussolini o encerrou com os seguintes brados: "Abaixo a guerra! Basta de guerra! Viva a solidariedade internacional do proletariado! Viva o socialismo!". A reação do público: ovação interminável, chapéus e lenços se agitavam e ecoavam novamente os gritos de "Viva! Viva o socialismo!"[39]

Na condição de diretor do *Avanti!*, após o ataque a Sarajevo, já prevendo uma guerra em toda a Europa, Mussolini proclamara que o Partido socialista conservaria uma neutralidade absoluta. Mas, durante o mês de agosto, quando a Segunda Internacional se afundou, porque quase todos os partidos socialistas europeus se pronunciaram a favor de seus países, que haviam entrado em guerra, sua decisão de neutralidade absoluta começa a vacilar.

Uma vez mais, a partir do dia 04 de agosto, ao repercutir a morte de Jean Jaurés, que havia sido assassinado por um nacionalista, Mussolini confiou à sua oratória, assim como também ao seu jornal, a tarefa de fazer com que o público conhecesse sua posição a respeito dos acontecimentos. Convidado a falar como o primeiro orador, acolhido com uma "longuíssima e frenética salva de palmas, que durou muitos minutos", manifestação "que se repetiu de modo ainda mais

---

38. Mussolini, *Opera Omnia*, vol. VI, p. 215–217.
39. Mussolini, *Opera Omnia*, vol. VI, p. 290–293.

vibrante e intenso, no momento em que Mussolini ascende à tribuna da presidência", o diretor do *Avanti!* começa dizendo que teria preferido ser substituído por outro colega para falar, "porque não tive tempo de reorganizar minhas ideias":

> Estamos em um período bastante intenso da vida. Em uma época absolutamente vertiginosa. Os fatos se sucedem com tamanha celeridade e são tão excitantes que não nos resta tempo para, imersos no cotidiano da vida política, reordenarmos nossas próprias ideias. Vivemos em um momento solene da história do mundo. O amanhã é algo desconhecido. É um tempo perturbador este que nós atravessamos e que deveria ter sido previsto. Por várias vezes, pensei comigo mesmo: ou a Europa se desarma simultaneamente ou assistiremos à conflagração de uma guerra europeia.

Mussolini encerrou seu discurso, dizendo que Jaurés havia sofrido "a mais bela das mortes que pode ser desejada por aqueles que, como nós, oferecem suas vidas ao ideal da emancipação. Este também é o modo como nós gostaríamos de morrer!". O jornal comentou que "o final inspirado e magnífico do discurso de Mussolini suscitou uma onda incontrolável de entusiasmo. Todos os presentes o saudaram e as frementes salvas de palmas se estenderam por muitos minutos".[40]

Todo aquele entusiasmo com a eloquência de Mussolini se repetiria novamente no dia 09 de setembro daquele mesmo ano. Desde então, convencido do dever de abondonar a neutralidade aboluta, para se pronunciar a favor da intervenção italiana na Grande Guerra, em apoio à França e à Ingleterra e contra o militarismo e o autoritarismo dos impérios centrais, Mussolini passou a advertir a massa socialista milaneza, reunida no Teatro do Povo de Milão, de que eles "continuavam

---

40. Mussolini, *Opera Omnia*, vol. VI, p. 301–304.

no bom caminho, no caminho do socialismo. Nós não pretendemos afirmar com isso que nossas ideias não podem mudar, porque os únicos que não mudam de ideia são os loucos. Se amanhã estivermos diante de um novo acontecimento, nos caberá decidir o que faremos! (Calorosíssimos aplausos)".[41]

DISCURSOS DO TRAIDOR

A influência carismática de Mussolini sofreu um profundo abalo, quando ele proclamou abertamente em seu jornal o abandono da neutralidade absoluta. No congresso do partido, realizado em Bolonha, entre os dias 19 e 20 de outubro, durante o qual se impôs ao Partido socialista a necessidade de aceitar a intervenção armada, Mussolini viveu pela primeira vez a experiência da perda do carisma. Seu discurso foi frequentemente interrompido por gritos hostis, sobretudo, no momento em que definiu a neutralidade "como uma atitude impassível e como uma indiferença cínica diante de todos os beligerantes", dizendo ainda que o Partido socialista não poderia "se esconder atrás de frases feitas e, assim, hipotecar o futuro. Os socialistas devem estar a postos e não somente como espectadores desse grande e trágico drama". No decurso daquela reunião, segundo o relato do jornal *Corriere della Sera*, Mussolini teve "de se defender permanentemente dos ataques dos adeptos da neutralidade", anunciando sua demissão da direção do *Avanti!*, caso a maioria não aceitasse sua ordem de adotar uma neutralidade condicional.

---

41. Mussolini, *Opera Omnia*, vol. VI, p. 361–363.

No dia 21 de outubro de 1914, ao entrar no salão em que ocorria a assembleia da seção socialista, Mussolini seria uma vez mais "longamente aclamado e convidado à tribuna da presidência, em meio a uma entusiasta e frenética ovação. De todos os cantos do recinto, ouviam-se os gritos de "Viva Mussolini! Viva o socialismo!". Mussolini agradeceu as manifestações, proclamando o seguinte:

A minha fé é imutável. Dentro de alguns dias, organizarei uma conferência em Milão, na qual explicarei integral e claramente minhas ideias. O grande público me julgará. Estou tranquilo. Eu cumpri meu dever, cumpri todo o meu dever, e, por isso, estou certo de que o tempo, ele que é, de fato, sempre cheio de bom senso, me dará razão.

O discurso, de acordo novamente com o jornal, foi pronunciado "com voz em alto volume, foi aclamado com um entusiasmado conjunto de aplausos" e foi ainda acompanhado de gritos que lhe prestavam solidariedade e que solicitavam o cancelamento de sua demissão da função de diretor. Mussolini respondeu que se opunha "a qualquer declaração que tivesse alguma nuance ou algum aspecto de fetichismo pessoal": "Sempre fui um feroz adversário de toda e qualquer forma de fetichismo". E, assim, sempre segundo o jornal, concluiu seu pronunciamento com uma "fala vibrante" e com o grito de "Viva o socialismo! (A assembleia se levanta e o aplaude freneticamente)".[42] Este seria o último sucesso oratório do Mussolini socialista.

---

42. Mussolini, *Opera Omnia*, vol. VI, p. 417–418.

No início de novembro, quando circulava o rumor de que o antigo diretor do *Avanti!* estava na iminência de começar a publicar um novo jornal para apoiar a campanha intervencionista, a derrocada do carisma de Mussolini no interior do Partido Socialista foi repentina, tal como havia sido repentina sua conversão da neutralidade à intervenção. Mussolini se deu conta dessa derrocada no dia 10 de novembro, por ocasião de uma dramática assembleia na seção socialista de Milão, aquela mesma que ainda há alguns poucos dias o havia aclamado. Desde sua entrada naquele ambiente, ele já compreendera que a maioria, partidária da neutralidade, lhe era hostil, mas, mesmo assim, enfrentou corajosamente aquela oposição e, mais do que isso, ele a provocou com o exórdio de seu discurso: "Ouçam-me, ao invés de me aplaudirem. Serei breve e falarei, como de costume, sem reticências e sem insinuações". Ele foi imediatamente acusado pela maioria socialista de estar vinculando aos adeptos da neutralidade absoluta a "uma camisa de força", da qual Mussolini afirmava que "era preciso se desvencilhar para ser mais livre". Ele exortou seus companheiros a fazer o mesmo, a não serem dogmáticos, porque somente se "somos cérebros pensantes e não cérebros ruminantes é que poderemos discutir". Em seguida, bruscamente, diante daquele público que ele mesmo havia incitado, desde ao menos dois anos atrás, ao internacionalismo e ao antipatriotismo, Mussolini proclamou que era culpa do Partido Socialista o fato de que se ignoravam os problemas nacionais, quando na verdade era preciso reconhecer que a nação "representa uma etapa do progresso humano que ainda não foi superada. (...) O sentimento da nacionalidade existe e não pode ser negado. O velho antipatriotismo é algo já ultrapassado e os próprios luminares do socialismo, Marx e Engels, escreveram páginas sobre o patriotismo que escandalizariam todos vocês!" Finalmente, depois de ter explicado que seu intervencionismo continuava fundamentado no socialismo porque ele era revolucionário e porque ele buscava destruir o imperialismo e o autoritarismo alemão para acelerar a revolução social na Europa, ele começava assim a concluir seu pronunciamento:

Agora, termino minha fala, até porque eu nem mesmo tinha a intenção de lhes dirigir a palavra. No entanto, terei outros meios de exprimir meus pensamentos. (Uma voz irrompe da plateia, dizendo: "Com o novo jornal?"). Sim, com o novo jornal. Isso me ajudará a poder falar todos os dias.

Naquele mesmo momento a assembleia passa a improvisar uma entusiástica demonstração de apoio ao *Avanti!*. Por todos os lados, ecoam os gritos: "Viva o *Avanti!* Viva o jornal de nosso Partido!" Bacci, membro dos quadros dirigentes daquela seção do PS, intervém gritando: "Viva o Socialismo!" E seu grito é seguido de uma longa ovação. Uma vez encerrada aquela comovida aclamação, Mussolini pode continuar a falar e, de fato, concluir seu discurso: "O que lhes digo é que o dever do socialismo é o de sacudir a Itália dos padres, a Itália dos que quiseram submetê-la ao Império Austro-germânico, a Itália dos monarquistas. E encerro lhes assegurando que, apesar de seus protestos e de suas vaias, a guerra vai oprimir todos nós".[43]

No dia 15 de novembro era publicado o primeiro número do jornal mussoliniano *Il Popolo d'Italia*, com um editorial de Mussolini cujo título era *Audácia!* e que tanto por seu estilo quanto por seu conteúdo não podia dar outra impressão

---

43. Mussolini, *Opera Omnia*, vol. VI, p. 427-429.

à massa socialista que não fosse a de uma renegação e de uma traição ao socialismo internacionalista, antimilitarista e antibelicista. Esse socialismo era professado pelo ex-diretor do *Avanti!* até a poucas semanas atrás.[44] Mussolini terminava o texto com uma provocação ao Partido Socialista, lançando um grito ao seu novo público, que não era mais o proletariado, mas "os jovens da Itália":

Não me importo com os perversos e com os idiotas. Os primeiros permanecerão na lama de sua maldade e os últimos em sua nulidade intelectual. Eu avanço! Cabe a vocês, jovens da Itália, seguir avançando pelo mesmo caminho. Cabe a vocês fazê-lo, jovens das fábricas e oficinas, jovens das universidades, jovens seja por sua idade seja por seu espírito, jovens que pertencem à geração cujo destino está comprometido com o dever de fazer a história. É a vocês que eu lanço meu grito de esperança, seguro que estou de que haverá entre todos vocês uma ampla ressonância desse grito e uma grande vontade de fazê-lo ecoar.

Grito uma palavra que eu jamais teria pronunciado em tempos ordinários e que hoje faço ecoar com voz firme e decidida, sem fingimento e com convicção; é uma palavra terrível e fascinante; é a palavra: *guerra!*

Nove dias mais tarde, a seção socialista de Milão, depois de uma tumultuada assembleia, tomou a decisão, decretada pelos principais dirigentes do Partido Socialista, os mesmos com os quais Mussolini havia conquistado em 1912 a direção do partido, de expulsá-lo por "indignidade política e moral", com a justificativa de que ele teria recebido dinheiro dos empresários da indústria militar para fundar seu jornal. Mussolini estava presente naquela ocasião e deu novamente provas de sua audaciosa coragem, diante de um auditório que

---

44. Mussolini, *Opera Omnia*, vol. VII, p. 7

lhe era ferozmente hostil, que não mais se submetia ao seu charme carismático e que o acusava abertamente de traição. É isso, ao menos, o que foi relatado em *Il Popolo d'Italia*. Seu breve pronunciamento, menos que uma defesa, foi um ataque constituído de recursos e expressões que deveriam produzir grande eficácia oratória, mas que, de fato, não suscitaram esse efeito sobre aquela maioria que lhe era tão hostil:

> Meu destino está decidido e vocês parecem querer selá-lo com um ato solene. (Vozes diziam: "Mais alto! Fale mais alto!". Diante daquela insistência, o orador não pode se conter e reagiu batendo nervosamente um copo sobre a mesa). Se ele está decidido, se vocês pensam que sou indigno de continuar militando entre vocês ("Sim! Sim!", gritam em coro os mais exaltados), me expulsem logo, mas tenho o direito de exigir que me apresentem uma real acusação. (...) Vocês sairão daqui com uma consciência pesada (Vozes em coro e alto volume gritaram: "Não! Não!"). Vocês acreditam que se livrarão de mim, mas eu lhes digo que vocês estão enganados. Se hoje vocês me detestam é porque ainda me amam, é porque... (Os aplausos e as vaias interrompem novamente o orador).
>
> Mas, vocês não se livrarão de mim. Doze anos da minha vida inteiramente dedicados ao Partido são ou deveriam ser uma garantia suficiente de minha fé socialista. O socialismo é algo que está enraizado em meu sangue. O que divide atualmente não é algo trivial; é uma grande questão que divide todo o socialismo. (...) Não redimirei ninguém, não terei nenhuma piedade por qualquer um dos reticentes, por qualquer um dos hipócritas, por qualquer um dos vis! E vocês verão que eu estarei sempre ao seu lado. Vocês não deveriam acreditar que a burguesia é entusiasta de nosso intervencionismo.
>
> Não pensem que rasgando minha carteirinha vocês eliminarão minha fé socialista. Vocês me impedirão somente de trabalhar pela causa do socialismo e da revolução! (Aplausos calorosos em reação àquelas palavras pronunciadas com grande energia e com uma entonação que transmitia a mais profunda convicção). Mussolini

desce da tribuna e abre passagem pela imensa sala, enquanto ao seu redor se forma uma massa feroz de detratores que investe sobre ele, uma massa afligida pelas poucas e incisivas palavras daquele que teve a força de enfrentar sua explosão manifesta de ódio, daquele que teve a coragem para efetuar um novo ato de fé. Ato de fé que se tornava ainda mais solene e ainda mais belo, à medida justamente que ele era cada vez mais contestado.[45]

A derrocada do carisma socialista de Mussolini demonstra que o carisma é eficaz somente se corresponde às convicções e valores próprios do público ao qual se dirige o orador e que o apoia com sua confiança. Não há tal eficácia quando o carisma contrasta com essas convicções e esses valores. O carisma socialista de Mussolini estava ligado à confiança em sua integridade revolucionária, na sinceridade e na fé de que ele dava provas. No momento em que essa sua imagem foi corrompida por sua conversão ao intervencionismo, o carisma mussoliniano que reinava sobre as massas foi rapidamente dissolvido.

EM BUSCA DO CARISMA PERDIDO

Durante sete anos, de novembro de 1914 a novembro de 1921, Mussolini esteve presente no cenário nacional com *Il Popolo d'Italia*, mas sem desempenhar nenhum protagonismo. Ele cumpriu um papel ativo durante os meses da campanha intervencionista, até 24 de maio de 1915, porém, nos dois primeiros anos depois do fim da Grande Guerra, sua oratória não produzia nenhum fascínio sobre as massas. Seu público se limitava aos intervencionistas, aos combatentes e aos veteranos de guerra, mas, mesmo entre eles, seu desempenho

---

45. Mussolini, Opera Omnia, VII, p. 39–41.

retórico era quase desprovido de carisma. De 1918 a 1920, o líder carismático do nacionalismo revolucionário gerado pela experiência da Grande Guerra foi Gabriele D'Annunzio, por meio de sua oratória e da *Impresa di Fiume*.[46]

O conjunto de partidários arregimentados por Mussolini com o movimento *Fasci di Combattimento*, fundado em 23 de março de 1919, também foi escasso, mesmo quando o fascismo já se tornara um movimento de massa, valendo-se cada vez mais de contingentes armados nas províncias da fronteira oriental, entre a Planície Padana e a Toscana. Nesse contexto, Mussolini teve que lutar para afirmar seu papel como líder, ante a ascensão de novas lideranças nos esquadrões de massa. Isso porque o diretor de *Il Popolo d'Italia* não tinha tido um papel pessoal particularmente relevante na transformação dos *Fasci* num movimento de massa. Essa transformação acontecera mediante a iniciativa autônoma de líderes fascistas locais na organização das equipes armadas, que, entre o final de 1920 e a primavera de 1921, destruíram violentamente grande parte das organizações políticas e sindicais do proletariado.

No verão de 1921, Mussolini tentou afirmar sua autoridade sobre o novo esquadrão fascista, lançando a ideia de transformar os movimentos do fascismo num partido político e, assim, desmantelando aqueles esquadrões e assinando um pacto de pacificação com o Partido Socialista. Os líderes dos grupos armados, opostos à proposta de paz, se rebelaram

---

46. Nota do tradutor: A *Impresa di Fiume* consistiu na rebelião de alguns setores do Exército Real, com o propósito de ocupar a cidade adriática de Fiume, que era então disputada pelos Reinos da Itália e da Iugoslávia. Organizada por uma frente política predominantemente nacionalista e liderada pelo poeta Gabriele D'Annunzio, a expedição chegou àquela cidade em 12 de setembro de 1919, proclamando sua anexação ao Reino da Itália.

e os membros dos esquadrões acusaram Mussolini de trair o fascismo, tal como ele já fizera com o socialismo.[47] Um dos líderes da revolta antimussoliniana, Dino Grandi, negou a Mussolini, como escreveu no jornal fascista de Bolonha *L'Assalto*, em 6 de agosto de 1921, "o direito exclusivo de dispor, com a autoridade de um mentor e com um *pater familias* da memória romana, de *nosso* movimento, ao qual todos nós demos nossa alma, nossa juventude e nossa vida".[48] No mesmo jornal, no dia 13 de agosto daquele mesmo ano, com um título de página inteira, no qual se dizia O FASCISMO NÃO É HOMEM, É IDÉIA, Grandi acusou Mussolini de querer ser reconhecido como líder de um movimento que ele, na verdade, não conhecia:

Se Mussolini tivesse mais frequentemente descido de seu pedestal e tivesse estado entre nós, entre as nossas massas, para nos ajudar a coordenar, não por meio de seu espírito, mas de sua presença real, as múltiplas e variadas tendências que o nosso movimento estava assumindo no seu rápido e tumultuoso desenvolvimento, parte desse nosso movimento não teria sido deixada para trás e hoje ele não sofreria com julgamentos que não lhe atribuem a devida honra. Esses julgamentos, além de desvalorizar todos nossos pensamentos fundamentais, distorcem as verdades mais elementares.[49]

Diante da revolta da massa esquadrista, Mussolini reagiu com a renúncia ao comitê executivo do movimento fascista, declarando o seguinte: "Do meu ponto de vista, a situação é de uma óbvia simplicidade: se o fascismo não me seguir,

---

47. Cf. Gentile, E. *Storia del partito fascista*. Roma/Bari: Laterza, cap. IV.
48. Grandi, D. *Pensieri di Peretola*, in "L'Assalto", 6 de agosto de 1921.
49. Grandi, D. IL FASCISMO NON È UN UOMO, È UN'IDEA, in "L'Assalto", 13 de agosto de 1921.

ninguém será capaz de me obrigar a seguir o fascismo".[50] Ele ainda respondeu a Grandi, refutando a acusação de que agia como se fosse proprietário do fascismo:

Não preciso rebater a acusação vazia de que eu seria uma espécie de dono do fascismo italiano. Sou "*Duce*", como se costuma dizer. Deixei que usassem essa palavra, porque, se é bem verdade que ela me desagradava, já que não gosto de palavras e posturas solenes, também é verdade que outras pessoas gostavam de empregá-la. Mas, se eu sou um "*Duce*", sou um *Duce* de um constitucionalismo absolutamente escrupuloso. Eu nunca impus nada a ninguém. Eu sempre aceitei discutir com todos, até mesmo com aqueles que lidam com a política de modo desconcertante, até mesmo com aqueles que estão infectados pelas doenças malignas que se disseminam cronicamente entre os antigos partidos. A política é uma arte. Portanto, é um contínuo processo de aprendizagem. Ela é constituída ainda de muita intuição e só quem possui esse belo dom é que tem condições suficientes para praticá-la. Apesar de possuir esse dom, sempre me senti um amigo entre amigos e jamais um patrão diante de subalternos. Para mim, o fascismo não é um fim em si mesmo. Sempre foi um meio para restaurar o equilíbrio nacional, para restaurar certos valores espirituais negligenciados, para estabelecer as bases para uma reconstrução nacional, tal como a que parte da premissa indestrutível da intervenção, como Vittorio Veneto a concebeu. Muito disso foi alcançado. Por isso, o fascismo pode se dividir, se fragmentar, se enfraquecer e definhar. Se for necessário vibrar martelos poderosos para acelerar sua ruína, vou me adaptar a essa necessidade ingrata. Porque o fascismo que não é mais liberação, mas tirania; porque o fascismo que não mais protege a nação, mas defende interesses privados e as castas mais sombrias, surdas e inescrupulosas que existem na Itália, porque o fascismo que assume essa aparência continuará sendo o fascismo, mas não é mais aquele pelo qual,

---

50. Mussolini, *Fatto compiuto*, in "Il Popolo d'Italia", 3 de agosto de 1921.

durante um amargo período, uns poucos de nós enfrentamos a cólera e o chumbo de multidões. Esse não será mais o fascismo que foi concebido por mim, em um dos momentos mais sombrios da recente história italiana. O fascismo pode viver sem mim? Claro, mas eu também posso viver sem o fascismo. Há espaço para todos na Itália: até mesmo para trinta fascismos, o que significa, então, que há possibilidade de não existir nenhum fascismo.[51]

A situação em que Mussolini se encontrava no verão de 1921 era dramaticamente semelhante à do outono de 1914. Mas, desta vez, ele não se arriscou a ficar isolado novamente e executou uma manobra para estabelecer um acordo com os líderes dos esquadrões, em detrimento de um pacto de apaziguamento, e para acentuar a transformação do movimento fascista em uma milícia. Mussolini optou por preservar a organização sob a forma de esquadra como estrutura política e paramilitar do novo partido fascista nacional, estabelecido em 7 de novembro de 1921 no Congresso nacional dos *Fasci di combattimento*.

Em seu discurso, Mussolini assumiu a tarefa de definir as características essenciais do novo fascismo antidemocrático, estatista e imperialista. Juntamente com as manobras nos bastidores para se reconciliar com os líderes rebeldes, o discurso foi decisivo para conquistar uma ascendência carismática sobre a massa dos esquadristas, que já tinham cantado em manifestações de revolta antimussoliniana: "Uma vez traidor, sempre traidor". Um dos maiores jornalistas italianos daquela época, Ugo Ojetti, que estava presente naquele congresso, traçou um quadro bastante eficaz do Mussolini orador e de seu original estilo verbal e corporal:

---

51. Mussolini, *La culla e il resto*, in "Il Popolo d'Italia", 7 de agosto de 1921.

Eu nunca tinha ouvido um discurso de Mussolini. Ele é um exímio orador, mestre de si mesmo, que se posiciona sempre de frente para o seu público. Cada um de seus períodos, cada linha de seu discurso é proferida com a expressão facial que lhe convém. Emprega os gestos com parcimônia. Muitas vezes, ele só gesticula com a mão direita, mantendo a mão esquerda no bolso e o braço esquerdo apertado junto à lateral de seu corpo. Outras vezes, principalmente, quando se trata do final do seu pronunciamento, ele coloca as duas mãos no bolso: este é o momento estatuário, em que resume tudo o que disse. Nos raros momentos em que essa cristalizada figura de orador se distende e se liberta, seus braços chegam a girar na altura de sua cabeça. Seus dez dedos se agitam como se estivessem procurando cordas vibrantes no ar e suas palavras jorram sobre a multidão, como se fosse uma catarata. Um momento de suspensão se produz... e o Mussolini orador retorna imediatamente à cena, franzindo a testa e se certificando, com dois de seus dedos, de que o nó da gravata elegante não se deslocou da devida posição. Esses momentos de gesticulação tumultuada não se dão nas passagens mais comoventes, mas ocorrem, principalmente, ao cabo de argumentações mais lógicas, como se fossem uma forma de representar para a massa uma série de outros tópicos que ele menciona e enumera, como se, por uma questão de brevidade, seus gestos imitassem o grande número das coisas de que ele fala. Mussolini emprega esse recurso de modo extremamente eficaz.

Além dessa gesticulação muitíssimo eficiente de um excelente orador, Mussolini tem outras três qualidades para conquistar o público. A primeira é a de que sempre produz períodos completos. Assim, ele nunca deixa uma frase solta, sem o complemento de uma oração principal. A segunda consiste na abundância de suas definições morais, que são pitorescas e incisivas e que, por isso, se inscrevem facilmente na memória de seu público. A terceira qualidade é a produção de afirmações fluídas, peremptórias, mas que têm, ao mesmo tempo, algo de repousantes, que produzem na maioria das pessoas uma sólida confiança. Nessas afirmações, não há neblina, não há cinza, pois o mundo inteiro é ali reduzido a preto e branco. Não há margem para dúvidas. E as que poderiam surgir entre alguns da multidão permanecem guardadas para eles mesmos.

Seu discurso está chegando ao fim. Tomado pela fadiga, seu rosto expressa seu cansaço e parece se tornar mais ossudo e rígido. E assim que ele termina e vai para a escada para descer da tribuna, o deputado Capanni o agarra pela cintura e levanta acima da multidão, com o gesto típico do padre que levanta as imagens e objetos sagrados.

Ao meu lado, dois jovens de camisa preta têm lágrimas nos olhos. Se Mussolini visse essas lágrimas, ele ficaria ainda mais orgulhoso do que já estava com todos os aplausos da multidão.[52]

No encerramento de seu discurso, Mussolini tratou de sua própria relação pessoal com o fascismo, admitindo que havia cometido erros por seu "mau temperamento": "Na nova organização, eu quero desaparecer, porque vocês têm de se afastar desse meu mal e têm de andar por si mesmos. Só assim, enfrentando os problemas e assumindo as responsabilidades, é que venceremos as grandes batalhas".[53] Após seu pronunciamento, há um dissimulado abraço da reconciliação com Grandi, chefe da revolta antimussoliniana. Mussolini é, então, reconhecido e aclamado como chefe do novo partido, mesmo que o congresso tivesse oficialmente elegido Michele Bianchi, um fiel amigo de Mussolini, desde os tempos do intervencionismo, como secretário geral do PNF. "Os fascistas — publicou o *Avanti!*, em sua edição do dia 9 de novembro daquele ano — ouviram seu líder por mais de três horas. Mussolini disse coisas absolutamente novas para a maioria deles. Então houve quase uma espécie de loucura

---

52. Citado por De Felice, R.; Goglia, L. *Mussolini. Il mito*. Roma: Laterza, 1983, p. 108–109.
53. Mussolini, *Opera Omnia*, vol. XVII, p. 222.

coletiva, houve um enorme entusiasmo, sob a forma de gritos, músicas e aplausos sem fim. O *Duce* é beijado, abraçado e coroado com flores".[54]

O «DUCE» DA NOVA ITÁLIA

Entre as coisas "absolutamente novas", ou quase novas, ditas por Mussolini em seu discurso estava a exaltação da vocação imperialista do fascismo:

> Não pode haver grandeza nacional, se a própria nação não for movida por uma ideia de império. Nós falamos de "império" do ponto de vista espiritual e econômico, de uma necessidade instintiva de todos os indivíduos, porque todo indivíduo é imperialista em certo sentido, quando tenta abrir caminho pela vida e quando um povo consegue se livrar dos golpes sofridos em sua carne viva. Isso porque, quando o povo se fecha em sua própria morada, quando só enxerga a si mesmo, quando se embrutece ensimesmado, então, esse é o momento em que esse povo se aproxima fatalmente da decadência e da morte.

No mito fascista do império, Mussolini incluía a apologia da Igreja Romana, a proclamação do estado nacional como uma unidade compacta e governada pela vontade de poder e a defesa da raça: o fascismo tinha antes de tudo de "resolver o problema da raça" porque "se a Itália estivesse cheia de doentes e loucos, a grandeza seria algo impossível de ser alcançado. Além disso, os fascistas devem se preocupar com a saúde da raça porque a raça é o material com o qual pretendemos construir nossa história". Finalmente, Mussolini enfrentou o problema das massas, que ele tinha ostensivamente desprezado, desde que foi expulso do Partido socialista, durante o período do fascismo libertário:

---

54. *Avanti!*, 9 de novembro de 1921.

Dizem por aí: precisamos conquistar as massas. Há quem diga também: a história é feita por heróis; outros dizem que é feita pelas massas. A verdade está no meio termo. O que a massa faria se não tivesse seu próprio líder conectado com o espírito do povo e o que faria o poeta se não tivesse o material para forjar sua poesia? Nós não somos anti-proletários, mas não queremos criar um fetichismo da massa, como se ela fosse nossa suprema majestade. Queremos servi-la, educá-la, mas, quando ela fizer algo errado, nós teremos de puni-la. Devemos prometer o que sabemos ser matematicamente necessário para mantê-la potente. Queremos elevar seu nível intelectual e moral, porque queremos incluí-la na história da nação. Porque não pode haver desenvolvimento da economia nacional com um proletariado indisciplinado, malárico e temerário. Dizemos às massas que, quando os interesses da nação estão em jogo, todos os egoísmos, sejam eles do proletariado sejam eles da burguesia, devem permanecer em silêncio.

No curso do ano de 1922, especialmente após o verão, o Partido fascista, depois de ter derrotado todos os partidos da oposição, tornou-se a agremiação política mais numerosa e mais forte da Itália, sobretudo por sua organização paramilitar, que conseguia impor um domínio ditatorial em muitas províncias do país. No norte e centro da Itália, o Partido fascista desafiou abertamente o governo com a ocupação de cidades inteiras e com a imposição forçada de demissão de quadros das administrações locais que não fossem simpáticos ao fascismo. O desacato mais descarado ao Estado de direito foi a publicação do regulamento para a organização da "Milícia para a segurança nacional". Sua publicação em "*Il Popolo d'Italia*", no dia 12 de outubro, estabeleceu uma nova ordem que unificava os grupos armados fascistas, dando forma institucional à identificação do Partido fascista com os esquadrões fascistas.

Naquela época, os discursos dirigidos a dezenas de milhares de fascistas reunidos nas cidades onde o fascismo grassava e pronunciados no auge de eventos espetaculares, tais como desfiles cívicos, procissões, rituais de juramento dos esquadrões, cerimônias de entrega de bandeiras e homenagens a fascistas mortos, produziram grandes efeitos e proporcionaram a Mussolini ocasiões de consolidar e estender seu carisma à massa dos fascistas. Essa massa, que o aclamava em todas as circunstâncias e por todo o país com um exaltado entusiasmo, era sempre advertida para que estivesse organizada com estrita disciplina e para que estivesse às ordens dos líderes e, evidentemente, do *Duce*.

Italo Balbo, então chefe de 26 anos do fascismo da cidade de Ferrara e um dos líderes da milícia fascista, descreveu assim, em seu diário, o discurso que Mussolini proferiu em Udine, no dia 20 de setembro de 1922, no Teatro Social:

Hoje ele falou mais seco e decisivo do que nunca. Chegou a hora de falar claramente para as massas. Mussolini me disse que devemos queimar etapas. Seu discurso esclareceu a posição dos fascistas em relação à monarquia. [...] Antes de começar a falar, ele passou sob um arco de centenas de bandeirolas. Primeiro, houve certos rumores. Depois, um silêncio religioso. [...] Sua voz no princípio é baixa, como se fosse uma emboscada para os ouvintes. Logo em seguida, o discurso se torna cortante, incisivo. Nas expressões de seu rosto, passam ondas de pensamento fulminante. Seus gestos são hipertônicos. Às vezes, ele se movimenta como se estivesse buscando uma palavra no interior do coração. Logo depois, o punho se eleva de sua postura ereta e se projeta sobre a multidão. O público está cativado, dominado, fascinado. Então, brotam as palavras solenes, os compromissos definitivos, os programas de guerra e as frases que já passam a ter uma importância histórica.[55]

---

55. I.Balbo, *Diario 1922*, Milano 1932, p. 153–154.

Os discursos de Mussolini foram o principal instrumento para expor, com grande ressonância na imprensa e entre a população, a ideologia política do fascismo, especialmente a concepção do Estado fascista, tal como Mussolini a estava desenvolvendo, enquanto o Partido fascista se preparava para a conquista do poder. Por essa razão, esses discursos tornaram-se os textos doutrinários fundamentais do Partido fascista.

DISCURSOS DA VÉSPERA

Essa função foi, principalmente, desempenhada pelos "discursos da véspera". Foi assim que ficaram conhecidos os pronunciamentos proferidos por Mussolini nas semanas que antecederam a "marcha sobre Roma", realizados no dia 20 de setembro em Udine, no dia 24 daquele mesmo mês em Cremona, no dia 4 de outubro em Milão e no dia 24 do mesmo mês em Nápoles. Nesses discursos, Mussolini proclamou mais abertamente do que nunca, diante de grandes multidões, que o fascismo se identificava com a nova Itália que tinha sido gerada pela Grande Guerra. Declarou também do mesmo modo que apenas os fascistas eram a encarnação e os intérpretes da nação e que, portanto, somente eles tinham o direito de tomar o poder para derrubar o Estado de direito e para construir um Estado fascista.

Nestes discursos, a retórica mussoliniana da "história monumental" foi expressa nas formas mais originais e eficazes: o *Duce* situava os eventos em que o fascismo havia sido um protagonista na história da Itália contemporânea como o ápice da revolução nacional italiana iniciada pelo *Risorgimento*. Essa revolução, que fora traída pelo estado liberal, teria sido retomada com grande vigor pelos intervencionistas e era, agora, continuada pelos fascistas em seu maior objetivo: a conquista de Roma e o estabelecimento de um Estado nacional forte, unido e disciplinado. Esses discursos de Mussolini protestavam, enfim, o comando do fascismo na conquista imperial e na expressão da grandeza da Itália.

No primeiro dos "discursos da véspera", o mais importante para a construção desse novo conteúdo fascista e de suas formas oratórias, pronunciado em Udine no aniversário da conquista de Roma pelo exército italiano em 1870, Mussolini fez sua estreia, exibindo o que mais tarde se tornaria um de seus mais habituais recursos retóricos do período fascista, a saber, o hábito de manifestar seu descontentamento pela fala pública e pela fala pública eloquente, em particular, e sua predileção pelos fatos e pelas ações. Assim, o *Duce* se valia de seus discursos para definir o que eram "fatos e ações" e para distinguir esses seus próprios discursos das formas tradicionais de eloquência, estabelecendo o que deveria ser o estilo de oratória fascista:

Com este discurso que pretendo fazer diante de vocês, abro uma exceção à regra que impus a mim mesmo: isto é, limitar as manifestações de minha eloquência ao mínimo possível. Ah, se fosse possível estrangulá-la, como aconselhou um poeta, se fosse possível eliminar essa eloquência verborrágica, prolixa, inconclusa e demagógica, que tem nos desviado de nosso caminho por tanto tempo! Mas, estou seguro de que vocês não esperam de mim um discurso que não seja primorosamente fascista, um discurso esquálido e áspero, duro e franco.

Com a pretensão de conquistar Roma, Mussolini exaltou o caráter romano do fascismo, colocando-o na esteira de Mazzini e Garibaldi, que ansiavam pela conquista da capital para torná-la a sede de uma nova Itália, unida e forte. Ao mesmo tempo, ele enaltecia o catolicismo como uma manifestação espiritual e religiosa da tradição imperial romana:

Por isso, elevemos nossos pensamentos a Roma com um espírito puro e despojado, elevemos nossos pensamentos a esta que é uma das poucas cidades do mundo que tem uma verdadeira alma. Porque foi em Roma, entre aquelas sete colinas cheias de história, que se ergueu um dos maiores prodígios espirituais de que a história se recorda. Foi em Roma que transformamos uma religião oriental em uma religião universal. Esta é uma outra forma daquele império que as legiões consulares de Roma haviam estendido até os confins da terra. Façamos de Roma a cidade do nosso próprio espírito, uma cidade purificada, desinfetada de todos os elementos que corrompem e degradam seus cidadãos. Tornemos Roma o coração pulsante, o espírito vivo da Itália imperial com que sonhamos.[56]

Mussolini continuaria afirmando que os fascistas eram dignos de assumir o poder, porque eram os intérpretes mais autênticos da vontade nacional. Por essa razão, tinham de ser um modelo para a disciplina coletiva que queriam impor a todos os italianos, exercendo a violência, se necessário:

Precisamos impor a mais estrita disciplina a nós mesmos, porque senão não teremos o direito de impô-la à nação [...] A disciplina deve ser aceita. Quando não aceita, deve ser imposta. Rejeitamos o dogma democrático de que devemos prosseguir eternamente de discursos em discursos, de debates em debates, cada vez mais liberais. Em determinado momento, a disciplina deve se expressar sob a forma de um ato imperial de força. Somente obedecendo, somente tendo o orgulho humilde, mas sagrado, de obedecer, é que se conquista o direito de comandar. Quando a disciplina está presente em nosso espírito, podemos impor a disciplina a todos os demais. Os fascistas de toda a Itália devem estar bem conscientes disso. Não devem

---

56. Mussolini, *Opera Omnia*, vol. XVIII, p. 411–421.

interpretar a disciplina como o procedimento de uma ordem administrativa ou como o medo de líderes que temessem a revolta de seu rebanho. A disciplina não é isso, porque nós não somos líderes como os outros. Dada sua força, nossas massas jamais poderiam ser chamadas de rebanho. Somos uma milícia, mas precisamente porque nós mesmos nos demos esta constituição especial, devemos fazer da disciplina a pedra angular suprema da nossa vida e da nossa ação.

Chamando a massa fascista de "milícia" e as massas dos partidos opostos de "rebanho", o *Duce* fascista expressou explicitamente sua atitude em relação às massas, que se tornaram numerosas no partido e nos sindicatos fascistas, sobretudo após os esquadrões terem destruído as organizações socialistas proletárias:

Vocês sabem que eu não gosto desta nova divindade: a massa. Ela é uma invenção da democracia e do socialismo: porque são muitos, devem estar certos. Nada disso. O oposto é o que mais geralmente ocorre, ou seja, o número é contrário à razão. De qualquer forma, a história mostra que sempre foram as minorias, pequenas, a princípio, as responsáveis pela produção de profundas convulsões nas sociedades humanas. Nós não adoramos a massa, mesmo que ela tenha as mãos calejadas. Em vez de adorá-la, nós examinamos os fatos e as ideias sociais e trazemos os novos elementos e novas concepções ao povo italiano. Nós não poderíamos rejeitar essas massas. Elas vieram e virão até nós. Nós deveríamos recebê-las aos pontapés? Deveríamos nos perguntar se elas são sinceras ou se são dissimuladas? Se vêm ao nosso encontro movidas pela convicção ou pelo medo? Essas questões são praticamente inúteis, porque as massas ainda não encontraram o caminho para penetrar nas profundezas do espírito. [...] Por outro lado, a burguesia deve perceber que o povo também faz parte da nação. Deve reconhecer a importância dessa massa de trabalho e não pode pensar que se alcançará a grandeza da nação, se esta massa de trabalho estiver inquieta e ociosa. A tarefa do fascismo é incorporá-la de modo orgânico à nação. Porque a nação precisa da massa assim como o artista precisa da matéria-prima para forjar suas obras de arte.

Somente com uma massa que esteja integrada à vida e à história da nação é que poderemos nos dedicar à construção de uma política externa.

Mussolini concluiu o primeiro "discurso da véspera" declarando: "Nosso programa é simples: queremos governar a Itália. Agora as coisas estão muito claras: é preciso demolir toda a superestrutura socialista-democrática". Ainda no encerramento dessa sua fala, para definir o papel do Estado, ele se vale dessa formulação clara e simples: "O Estado não representa um partido, o Estado representa a comunidade nacional, inclui todos, protege a todos, se sobrepõe a todos e se opõe a qualquer um que não respeite sua imprescritível autoridade".

Já no dia 4 de outubro, no terceiro "discurso de véspera", pronunciado em Milão, Mussolini precisou com uma franqueza brutal o que entendia por "autoridade", tal como ela seria aplicada no futuro Estado fascista:

Não temos grandes obstáculos a superar, porque a nação está conosco. A nação se sente representada por nós. Certamente não podemos plantar a árvore da liberdade nas praças públicas, porque não podemos dar plena liberdade àqueles que se aproveitarão dela para nos matar. Esta é a loucura do estado liberal: ele dá liberdade a todos, mesmo àqueles que a usarão para derrubá-lo. Nós não vamos dar essa liberdade. Nem mesmo se o pedido por essa liberdade vier sob a forma daquela já desbotada "Carta magna" dos princípios imortais. [...]

Nós dividimos os italianos em três categorias: os italianos "indiferentes", que permanecerão em suas casas à espera das mudanças;

os "simpatizantes", que podem circular; e finalmente os "inimigos" dos italianos. Estes não vagarão livremente por aí.[57]

O «DUCE» DA REVOLUÇÃO

O que foi anunciado por Mussolini no dia 4 de outubro seria constantemente reafirmado pelo *Duce* fascista, desde que se tornou chefe do novo governo, após a mobilização revolucionária que ficou na história como "a marcha sobre Roma". O advento de Mussolini, um político de origem popular, o mais jovem primeiro-ministro da história da Itália unificada, com um passado político bastante agitado, sem qualquer experiência de governo, um deputado cujo mandato se estendeu por pouco mais de um ano, um chefe de gangues armadas que governaram toda a Itália, que se proclamavam como parte da nação e que tratavam todos os partidos oponentes como inimigos internos da Itália, foi um evento que imediatamente atingiu o imaginário popular, despertando grande curiosidade pela própria personalidade do *Duce*.

No dia 16 de novembro de 1922, quando Mussolini apresentou o novo governo à Câmara, o número de observadores ali reunidos era "o maior que já se vira, ao menos nos últimos trinta anos, em que estou na imprensa política", escreveu um cronista.[58] A estreia do primeiro-ministro se deu com modos, linguagem e tons sem precedentes nos últimos setenta anos do parlamento italiano. Desde sua primeira apresentação, Mussolini não se dirigiu à Câmara com o habitual "Honrados colegas", mas com um tratamento bem mais direto, sob a forma de um "Senhores", seguido de um discurso que nunca

---

57. Mussolini, *Opera Omnia*, vol. XVIII, p. 433-440.
58. *Nell'aula rigurgitante*, in "La Stampa", 17 de novembro de 1922.

tinha sido feito por um presidente daquele Conselho. Seu pronunciamento era marcado por uma linguagem hostil e desdenhosa e por um conteúdo repleto de repetidos insultos e ameaças à própria Câmara e de um desprezo manifesto por todo Parlamento.[59] Este seu primeiro comunicado consistiu na reivindicação de sua revolucionária ascensão ao poder e os contornos dessa declaração eram os de uma aberta ameaça:

Afirmo que a revolução tem seus direitos. Mas gostaria de acrescentar, mesmo porque todos aqui já sabem disso, que estou aqui para defender o máximo potencial da revolução dos "camisas negras", para demonstrar que essa revolução é uma força fundamental do desenvolvimento, do progresso e do equilíbrio na história da nação.

Recusei-me a acumular ganhos, e eu podia ter ganhado muito. Ao invés disso, eu me impus limites. Eu disse a mim mesmo que a sabedoria significa não desistir da luta depois que se consegue a vitória. Com trezentos mil jovens armados, determinados a fazer tudo e quase misticamente prontos a acatar minhas ordens, eu poderia ter punido todos aqueles que difamaram e tentaram manchar o fascismo. (Manifestações de aprovação e aplausos vindos do lado direito da Câmara).

Eu poderia fazer deste salão surdo e cinzento uma sede de nossos estandartes ... (Mais aplausos à direita da Câmera. Alguns ruídos e comentários. Modigliani: "Viva o Parlamento! Viva o Parlamento!". Ruídos ; Barulhos e intervenções vindos da direita. Aplausos também vindos da extrema esquerda).

Eu poderia fechar o Parlamento e estabelecer um governo exclusivamente de fascistas. Eu poderia..., mas eu não pretendo fazer isso. Ao menos, não logo no início de nosso governo.

---

59. *Atti parlamentari della Camera dei Deputati, Legislatura* XXVI, *1a Sessione 1921–1923. Discussioni*, Tornata del 16 novembre 1922, Tipografia da Câmara dos Deputados, Roma, 1923, p. 8390–8394.

Criei um governo de coalizão, sem a intenção de ter uma maioria parlamentar, da qual, aliás, agora poderia perfeitamente prescindir (Aplausos na extrema direita e na extrema esquerda). Criei esse governo para reunir toda ajuda possível a nossa nação ofegante, para reunir todos aqueles que, acima das nuances dos partidos, tenham o mesmo objetivo de salvar nossa nação.

Mussolini disse que o desejo de seu governo era o de restaurar a disciplina no país, proclamando, por um lado, que o Estado "não pretende, a princípio, abdicar de ninguém" e, por outro, que qualquer um que "se oponha ao Estado será punido". Além disso, afirmava ainda que, uma vez que "falar não é, evidentemente, suficiente, o Estado providenciará a seleção e o aperfeiçoamento das forças armadas. O Estado Fascista provavelmente se constitui como a única polícia perfeitamente organizada, de grande mobilidade e de elevado espírito moral". Já no encerramento de seu discurso, novamente introduzido pelo direto "Senhores", Mussolini retornou ao tom desdenhoso, brutal e ameaçador do início: "Eu não quero, por enquanto, governar contra a Câmara. Mas a Câmara deve saber ocupar sua real posição. Ela está sujeita à dissolução, algo que pode ser feito daqui a dois dias ou daqui a dois anos". O final de sua intervenção é marcado por uma invocação a Deus, em que o *Duce* diz o seguinte: "Que Deus me ajude a levar meu árduo trabalho a um fim vitorioso".[60]

A oratória de Mussolini na condição de presidente do Conselho rompeu com toda a tradição da eloquência dos governos italianos, ao se valer de seu estilo assertivo, autoritário, ameaçador e até mesmo violento. O que caracterizou, em particular, essa sua oratória foi a virulenta franqueza com

---

60. Mussolini, *Opera Omnia*, vol. XIX, p. 22.

a qual Mussolini alternou, sobrepôs e misturou essas duas posições que ele ocupava, a de primeiro-ministro e a de líder do fascismo. Assim, ele proclamava publicamente que o governo fascista se identificava com o Estado, que o partido fascista se identificava com a nação e que o fascismo se identificava com o *Duce*. O ciclo se fechava, por sua vez, com a própria identificação de Mussolini com o fascismo, tal como ele mesmo afirmava. Um exemplo da construção dessa identificação ocorreu no dia 31 de maio de 1923, quando, ao se dirigir ao público do Primeiro congresso de mulheres fascistas do Triveneto, Mussolini declarou:

Fico muito feliz de poder dizer a vocês, mulheres fascistas, e aos fascistas de toda Itália, que a tentativa de separar Mussolini do fascismo ou de separar o fascismo de Mussolini é a tentativa mais inútil, mais grotesca e mais ridícula que se pode imaginar.

Não é por orgulho que digo a vocês que entre este que lhes dirige a palavra e o fascismo se constitui uma identidade única. Mas, quatro anos de história têm mostrado claramente que Mussolini e o fascismo são dois aspectos da mesma natureza, são dois corpos de uma mesma alma ou duas almas de um mesmo corpo.

Não posso abandonar o fascismo, porque eu o criei, eu o levantei, eu o disciplinei, eu o fortaleci e eu o tenho ainda em minhas mãos. Sempre o terei em minhas mãos! Portanto, é absolutamente inútil que as velhas aves de rapina da política italiana me façam sua corte de merda. Sou muito inteligente para cair nesse tipo de emboscada de comerciantes medíocres, nessa armadilha de feirantes de um lugarejozinho qualquer.[61]

A mesma forma de identificação ideal entre ele e seu público foi adotada por Mussolini em seu discurso endereçado aos veteranos da Grande Guerra. Ali, ele se autonomeou de

---

61. Mussolini, Opera Omnia, vol. XIX, p. 226–227.

modo idealizado como o *Duce* perfeito, aquele que levou a Itália dos combatentes ao poder, aquele que, na condição de um intervencionista, foi um soldado e um homem ferido na guerra: "mais do que o chefe do governo, é o camarada que fala com vocês, o soldado que é honrado por ter comido nas trincheiras, por ter travado uma guerra, depois de tê-la desejado pelas necessidades da história. Vocês representam a mais alta aristocracia da nação", disse ele aos condecorados com medalhas de ouro, no dia 8 de janeiro de 1923. Nesse mesmo discurso, Mussolini ainda os exaltou, dizendo que eles eram "o testemunho vivo do prodígio realizado por um povo que lutou unido, como já não mais fizera há vários séculos". Acrescentou, finalmente, o seguinte: "O eclipse de nossa linhagem se encerrou e todas as nossas virtudes adormecidas, mas não extintas, passaram ao primeiro plano e nos deram a vitória imortal".[62] Foi praticamente com esse mesmo discurso que se dirigiu aos mutilados milaneses, no dia 11 de março:

Eu vim aqui falar com vocês, principalmente, como companheiro de trincheira e de sacrifício. Quando estou diante de vocês, eu me reconheço em vocês e revivo aquelas que são certamente as páginas da minha vida de que mais me lembro: as páginas escritas na trincheira, onde pude ver com meus próprios olhos a sangrenta labuta da raça italiana, onde pude ver seu espírito de devoção, onde pude ver rebrotar de suas raízes milenares, mas que pareciam perdidas, a maravilhosa flor de nossa magnífica história. Todos nós nos reconhecemos. Considero os combatentes, os mutilados, as famílias dos que caíram em combate como a grande, a mais pura e intangível aristocracia da nova Itália.[63]

---

62. Mussolini, *Opera Omnia*, vol. XIX, p. 94–95.
63. Mussolini, *Opera Omnia*, vol. XIX, p. 166–170.

No dia 18 de março, ao se endereçar aos cegos de guerra, em Roma, Mussolini reiterou sua identificação com seu público, dizendo o seguinte: "Eu mesmo lutei e fui ferido. O governo considera todos vocês como o que há de melhor e de mais nobre entre os italianos. Eu lhes digo isso hoje como chefe de governo e como companheiro de trincheiras."[64]

Além disso, desde os primeiros dias, após sua ascensão ao poder, e nos dois anos seguintes, antes que passasse a se empenhar mais resolutamente, a partir 3 de janeiro de 1925, na demolição do regime liberal e na construção do regime de partido único e totalitário, os discursos de Mussolini, realizados no Parlamento, mas, sobretudo, os proferidos em outros contextos, tinham como motivo dominante a afirmação de que a chegada do fascismo ao poder era um acontecimento irrevogável. No dia 8 de janeiro, quando se dirigia aos condecorados com medalhes de ouro, que se encontravam reunidos em Roma, proclamou: "Não volta atrás! O que aconteceu é irrevogável! Todas as antigas classes, todos os velhos partidos, os velhos homens e suas crenças antiquadas foram varridos pela revolução fascista e nenhum prodígio pode juntar esses cacos, que devem ir para o museu de coisas mais ou menos veneráveis".[65]

Já no dia 10 de fevereiro de 1923, na Câmara, referindo-se àqueles que teriam se iludido com o fato de que poderiam "combater impunemente o Estado e o fascismo", Mussolini repetiu que o Estado fascista, diferentemente do Estado liberal, agia deste modo: "o Estado fascista não apenas se defende, ele ataca. E aqueles que pretendem difamá-lo no exterior ou

---

64. Mussolini, *Opera Omnia*, vol. XIX, p. 183–184.
65. Mussolini, *Opera Omnia*, vol. XIX, p. 95.

prejudicá-lo aqui dentro mesmo da nossa Itália devem saber que o desempenho dessa sua função envolve riscos muito altos. Os inimigos do Estado fascista não poderão ficar surpresos, se eu os tratar severamente, se eu os tratar exatamente como inimigos".[66] Alguns meses mais tarde, no dia 8 de junho, falando ao Senado, disse que "para defender essa forma tão especial de governo, para defender o Fascismo, há um poderosíssimo exército de voluntários".[67] Vinte dias depois, em Roma, numa reunião com os trabalhadores do *Poligrafico dello Stato*, Mussolini reiterou que seu governo "nasceu de uma grande revolução, que se desenvolverá ao longo de todo o século".[68] Novamente, no dia 15 de julho daquele mesmo ano, quando a nova reforma eleitoral apresentada pelo governo, cujo objetivo era garantir uma maioria parlamentar segura e estável, estava em discussão na Câmara, Mussolini reiterou que o fascismo estava determinado a se manter no poder de qualquer forma: "Temos poder e nós o manteremos. Nós vamos defendê-lo contra qualquer um. Fizemos a revolução com este firme desejo de tomarmos e de nos mantermos no poder". Para isso, o fascismo se perpetuaria "até que todos estejam resignados a este fato consumado, até que todos reconheçam sua bela armadura e sua bela alma guerreira".[69]

O HOMEM DO POVO

A marcha sobre Roma foi imediatamente seguida pelo nascimento e pela disseminação, em grande medida, espontânea,

---

66. Mussolini, *Opera Omnia*, vol. XIX, p. 129.
67. Mussolini, *Opera Omnia*, vol. XIX, p. 265.
68. Mussolini, *Opera Omnia*, vol. XIX, p. 115.
69. Mussolini, *Opera Omnia*, vol. XIX, p. 317.

de um mito mussoliniano entre a população. Para promover a disseminação desse mito, o próprio Mussolini deu sua contribuição: ele foi o primeiro presidente do Conselho que, poucos meses depois da chegada ao poder, passou a visitar todos os lugares da Itália, passando por cidades e regiões negligenciadas ou praticamente ignoradas por seus predecessores. Durante uma visita à Sardenha, depois de prestar homenagem a Garibaldi na ilha de Caprera, disse ao povo de Sassari que sua viagem não era um exercício ministerial, mas "uma peregrinação de devoção e amor pela sua magnífica terra":

Disseram-me que, de 1870 até hoje, é a primeira vez que o chefe do Governo fala com o povo de Sassari reunido nesta sua grande praça pública. Vocês foram esquecidos, foram esquecidos por muito tempo! Em Roma, se sabia e não se sabia que a Sardenha existia. Mas, desde que a guerra revelou sua importância à Itália, todos os italianos devem se lembrar da Sardenha não apenas por palavras, mas por ações.

Eu os saúdo, filhos magníficos desta ilha sólida, desta esquecida ilha de ferro. Eu saúdo com meu corpo e com meu espírito todos vocês. Não é o chefe do Governo que fala com vocês, não é o chefe do Governo que está aqui: é o irmão, o camarada, o que dividiu a trincheira com muitos de vocês. Por isso, gritemos juntos: Viva o rei! Viva a Itália! Viva a Sardenha![70]

Em todos esses lugares por que passava, Mussolini proferia um discurso para a população local, que se reunia, principalmente de modo espontâneo, chegando muitas vezes a dezenas de milhares de ouvintes. A chamada "fábrica do consenso" ainda não estava funcionando. Entre maio e outubro de 1923, Mussolini fez essas viagens e esses discursos em to-

---

70. Mussolini, *Opera Omnia*, vol. XIX, p. 264-266.

das estas regiões: Lombardia, Vêneto, Emília e Romagna, Sardenha, Sicília, Campânia, Abruzzo, Piemonte, Ligúria, Toscana e Úmbria. No ano seguinte, ele repetiria esse percurso. Assim, em pouco tempo, tal como observou um jornalista francês, no final de 1924, o prestígio pessoal do ditador conheceu um aumento constante, que o levou ao topo da idolatria popular.[71]

Mussolini estabeleceu assim um contato direto com o povo italiano, criando uma conexão com diferentes classes sociais de diversas regiões italianas. Produzia-se a sensação física e imaginária de que agora todos os italianos estavam mais próximos do poder e podiam ser ouvidos pelo *Duce*. Para as pessoas de modo geral, Mussolini aparecia como um chefe de governo que tinha um novo estilo. Ele teria chegado ao poder por um movimento revolucionário, mas estava sempre pronto para impor disciplina ao seu partido. Mussolini era considerado, ao mesmo tempo, um revolucionário e um ditador, ainda alguém que teria demonstrado qualidades de um bom administrador, como realismo e senso de proporção. Para a opinião pública burguesa, ele era o salvador da pátria, quem a livraria da anarquia, o cavaleiro que matara o dragão vermelho do comunismo na Itália e que salvara o Ocidente do bolchevismo. Nas classes populares que não haviam sofrido violência fascista, as manifestações de simpatia eram direcionadas ao "filho do povo", que havia se tornado chefe do Governo, sem esconder, mas, antes, de fato, mostrando suas origens populares. Portanto, ele fora imediata-

---

[71]. De Nolva, R. *Le mysticisme et l'esprit révolutionnaire du fascisme*, in "Mercure de France", 1 de novembro de 1924.

mente investido de confiança e se tornou um depositário da esperança, graças ao seu trabalho de luta contra as injustiças e males da existência.

Em quase todos os primeiros discursos às multidões, o primeiro-ministro Mussolini insistia em sua origem popular, especialmente quando se dirigia às massas operárias, que naquele momento ainda eram majoritariamente hostis ao fascismo. No dia 6 de dezembro de 1922, em Milão, falando aos trabalhadores metalúrgicos lombardos, Mussolini se valeu de um exórdio patético:

Eu não descendo de ancestrais aristocráticos e ilustres. Meus ancestrais eram camponeses que trabalhavam na terra, e meu pai era um ferreiro que dobrava o ferro quente na bigorna. Às vezes, quando criança, eu ajudava meu pai em seu trabalho duro e humilde. Agora, tenho uma tarefa muito mais dura e muito mais difícil: a tarefa de dobrar as almas. Aos vinte anos, trabalhei com meus próprios braços. Eu era operário e pedreiro. Digo isso a vocês não para lhes pedir sua simpatia, mas para lhes mostrar que nunca fui e que não posso ser um inimigo das pessoas que trabalham. Eu sou inimigo daqueles que, em nome de falsas e grotescas ideologias, querem enganar os trabalhadores e levá-los à ruína.[72]

Pouco mais de um mês mais tarde, no dia 23 de janeiro de 1923, Mussolini insistiria em sua harmonia ideal com a classe trabalhadora, ao se dirigir aos trabalhadores do *Poligrafico* em Roma:

Eu me orgulho de ser filho de trabalhadores, eu me orgulho de ter trabalhado com meus próprios braços. Eu conheci os humildes trabalhos dos verdadeiros trabalhadores. Quando trabalhei, a jornada de trabalho era de doze horas, hoje, é de oito. Essa conquista é intocável. [...]

---

72. Mussolini, *Opera Omnia*, vol. XIX, p. 57–59.

Estes aplausos que vocês me dedicam são muito vivos e espontâneos para serem aplausos de conveniência e cortesia. Vocês sentem que minhas palavras entram nas suas almas, que minhas palavras são o eco dos sentimentos que vocês sentem já há muito tempo. Peço a vocês que continuem trabalhando com toda a tranquilidade e com a mais perfeita disciplina.[73]

O grupo de trabalhadores que mais sofreu com as ações fascistas foi a classe operária de Turim, sede da FIAT e de outras indústrias importantes. Em agosto de 1917, durante uma semana, a cidade piemontesa foi palco do maior protesto contra a Grande Guerra. Houve uma série de confrontos entre manifestantes e as forças públicas de ordem, de que resultaram mortos e feridos.[74] Em Turim, com Antonio Gramsci e seu jornal *Ordine Nuovo*, uma facção comunista bastante sólida havia se formado no seio do Partido Socialista. Foi a criação dessa facção que deu ensejo em janeiro de 1921 ao nascimento do Partido Comunista italiano. Em dezembro de 1922, os *squadristi* fascistas, em retaliação aos movimentos operários de Turim, executaram um massacre, matando 14 (ou talvez mais) trabalhadores antifascistas.[75] Foi ainda em Turim, no dia 24 de outubro de 1923, que Mussolini visitou a FIAT e falou aos trabalhadores, lhes dirigindo palavras de louvor, mas também de advertência mais ou menos velada: "Não pensem que vocês podem se livrar da vida, da alma e da história da nação":

---

73. Mussolini, *Opera Omnia*, vol. XIX, p. 114–116.
74. Cf. Spriano, P. *Torino operaia nella grande guerra (1914–1918)*, Torino: Einaudi, 1960.
75. Cf. De Felice, R. *I fatti di Torino del dicembre 1922*, in "Studi Storici", n. 4, 1963.

Mesmo se vocês quisessem fazer isso, vocês não conseguiriam, pois não podemos renegar nossa própria mãe. Querendo ou não, somos todos italianos e devemos ter orgulho de ser italianos, não apenas pelas glórias do passado, glórias muito nobres, sobre as quais não podemos viver como descendentes parasitas e degenerados que desfrutam das conquistas de seus antepassados. Devemos ter orgulho, principalmente, dessa nova Itália, que está progredindo e que tem aqui, nesta sua fábrica, conseguido alcançar o primado europeu.

É por esta nova Itália que lhes peço o cumprimento ordeiro e silencioso do seu dever como trabalhadores e cidadãos. Somente com trabalho e colaboração de todos os envolvidos na produção de nossas indústrias é que aumentará o bem-estar individual. Proclamo solenemente, onde não há esse empenho, o que reina é a miséria individual e a ruína da nação.

Depois da advertência e da exposição do preceito, segundo o qual somente aqueles que são disciplinados, empenhados e silenciosos é que podem ser considerados bons trabalhadores e bons cidadãos, Mussolini voltou a declarar que a prova de sua solidariedade para com os trabalhadores era sua própria origem popular. Ele o fez, carregando, novamente, sua fala com recursos patéticos e com mais uma ameaça:

Porque eu trabalhei com meus próprios braços, porque vim do povo e porque tenho orgulho dessa minha origem, saúdo vocês, não com a falsa simpatia dos demagogos, dos vendedores de ilusões, mas com a rude sinceridade de um trabalhador, de um homem que não quer enganar vocês, de um homem que imporá a disciplina necessária a todos, mesmo a seus amigos, mas, acima de tudo, a seus adversários.[76]

---

76. Mussolini, *Opera Omnia*, vol. XX, p. 55-56.

O PRECEPTOR DA NOVA ITÁLIA

Em todos os lugares e em cada um de seus discursos para a multidão, Mussolini insistiu no tema da disciplina como o dever de todos os italianos, começando pelos próprios fascistas, que haviam assumido a tarefa de impô-la para tornar o estado mais forte e para promover a prosperidade e a grandeza da nação. Como primeiro-ministro e líder do fascismo, Mussolini se apresentava como um tutor do povo italiano, como se o país fosse uma imensa escola à qual ele pessoalmente tinha de ensinar as regras da boa vida civil. Era a ele que cabia ensinar aos italianos os deveres que tinham que seguir, mesmo que não fossem fascistas. As advertências disciplinares eram válidas para todos, e ninguém podia escapar, caso fosse desobediente, de uma severa punição.

A ameaça de punição era dirigida, evidentemente, aos italianos que persistiam em se opor ao governo de Mussolini e não se resignavam à irrevogável conquista do poder pelo Partido fascista. Esse foi outro motivo recorrente nos discursos mussolinianos para a população reunida nas praças das cidades que visitou em 1923. Uma vez que Turim era não apenas a sede de um forte grupo comunista, mas também e acima de tudo a capital monárquica do *Risorgimento* e do liberalismo da união nacional, foi ali que Mussolini declarou com maior ênfase que a chegada do fascismo ao poder não era uma mudança normal no governo parlamentar, mas um grande evento histórico irrevogável, que marcava o início de um novo regime e de uma nova era. Apresentando-se à multidão de Turim como fiel servidor do rei, "um soldado fiel, um líder fiel e abnegado", Mussolini se referiu às boas vindas que as massas lhe deram em todas as cidades. Isso para afirmar que seu governo tinha forças para impor a disciplina, mas que tinha igualmente o consentimento do povo para fazê-lo com uma rigidez legítima. Endereçando-se aos administradores de Turim, no dia 24 de outubro, ele disse que essa legitimidade autorizava até mesmo a limitação da liberdade:

Sem a necessidade de recorrer à força, pode haver consenso. E por quê? Por uma razão muito simples. Nós não somos ambiciosos, somos ainda menos vaidosos, menos ainda assumimos posições infalíveis. Somos simplesmente trabalhadores que impuseram uma disciplina e que, por isso, têm o direito de impô-la àqueles que são recalcitrantes no meio do povo italiano.

Porque, senhores, a liberdade sem ordem e sem disciplina significa dissolução e catástrofe. (Aplausos). O povo italiano, certamente mais conscientes e saudáveis do que aqueles que pretendem representá-lo, valoriza as vantagens desse regime que impõe a necessária disciplina.

Nós não estamos num momento fácil, senhores, especialmente na Europa, e quando o navio da nação em que estamos carregados é atingido pelas ondas da tempestade, a disciplina deve ser muito rígida.

Quando chegarmos ao porto e ao nosso destino, poderemos dar liberdade razoável à tripulação. Não antes disso, porque seria um crime contra a própria nação.[77]

À advertência dirigida aos estudantes do consciente e saudável povo italiano, Mussolini acrescentou novamente a ameaça de punir os opositores de seu regime, quando falou, poucas horas mais tarde, à multidão reunida na vasta *Piazza Castello*. Ali lembrou seu público de que um ano antes, em Nápoles, ele havia lançado o grito aos fascistas que os levou à "marcha sobre Roma":

---

77. Mussolini, *Opera Omnia*, vol. XX, p. 48.

E três dias depois tomamos a cidade eterna e começamos a limpeza e o trabalho policial que ainda não acabou e que deve continuar. Garanto que esse trabalho continuará de forma inflexível, tenaz e sistemática. Agora, nós não nos apoderamos de Roma por nossa ambição, não foi por nosso próprio interesse, não foi pela miserável vaidade de tantas pessoas. Nós nos apoderamos de Roma e nós a manteremos, lutando contra qualquer um que seja inimigo da nação. Nós vamos mantê-la até que o trabalho que nós começamos esteja completo, até que todas as oposições mais ou menos insignificantes e miseráveis sejam eliminadas para sempre.[78]

DIÁLOGO COM O POVO IMORTAL

Outro motivo constante nos discursos de Mussolini era uma espécie de aplicação do modelo do mestre como defensor de sentimentos nobres e elevados, tal como aquele que o jovem estudante Benito delineara em sua tarefa escolar mais de vinte anos antes. Além de se apresentar como chefe do governo, líder da revolução fascista, campeão dos veteranos de guerra, homem do povo e tutor da nação italiana, Mussolini se expunha às multidões como o visionário de uma nova grande Itália. Sob o comando do *Duce*, a grande nação estava prestes a repartir pelas estradas que conduziriam a uma nova grandeza imperial. No estilo oratório típico da "história monumental", nos discursos às multidões das várias regiões, Mussolini sempre exaltou o povo italiano que, após muitos séculos sem protagonismo, agora voltava a ser um grande povo, sob a orientação do fascismo e de seu líder e movido pelo renascimento do romanismo imperial.

---

78. Mussolini, *Opera Omnia*, vol. XX, p. 50.

"Sinto toda a poderosa fonte da vida que agita a nova geração da raça italiana", disse ele em Milão, no dia 30 de março de 1923, aos alunos de uma escola especial de emigração. Acrescentou ainda o seguinte: "Vocês certamente já pensaram algumas vezes sobre o que poderia ser chamado de um prodígio na história da raça humana. Não se trata de retórica, quando se diz que o povo italiano é o povo imortal, o povo que sempre encontra uma fonte para nutrir suas esperanças, sua paixão e sua grandeza.[79] Em 21 de abril de 1923, no *Campidoglio*, na entrega das medalhas do Instituto Nacional da Fita Azul, Mussolini exaltou nos soldados "a nova e poderosa aristocracia da nova Itália", dizendo o seguinte:

Gostaria de recordar à memória de todos vocês o prodígio desta velha e sempre jovem raça italiana, o prodígio de sua poderosa renovação. Onde estão os podres patifes que cuspiram em nós na véspera da guerra, declarando que o povo não saberia lutar? Em qual caverna esconderam sua vergonha? O povo italiano têm uma única origem e uma única bandeira e, por isso, luta unido e num perfeito compasso.[80]

Na representação oratória de Mussolini, o prodígio do renascimento da raça italiana coincidiu com o advento do fascismo no poder. Para alegá-lo, o *Duce* afirmava que a tradição do *Risorgimento* foi revivida pela experiência vitoriosa da Grande Guerra. Os fascistas e seu líder seriam os representantes mais genuínos dessa exitosa renovação da tradição. Nos encontros com as multidões, Mussolini realizou várias vezes uma espécie de rito de comunhão, que o uniu física e misticamente com o "povo imortal". Essa perfeita união

---

79. Mussolini, *Opera Omnia*, vol. XIX, p. 192.
80. Mussolini, *Opera Omnia*, vol. XIX, p. 203-204.

entre o *Duce* e seu povo se dera justamente na primavera de renascimento da raça italiana, como ele disse em Piacenza, no dia 17 de junho:

Sempre que me distancio de Roma, onde os restos de pequenas castas políticas ainda se iludem sobre sua vitalidade, e me misturo no meio do povo, tenho diante de meus olhos a visão esplêndida e magnífica de uma primavera incomparável.

Aqui, nesta cidade histórica, o sangue da nova geração pulsa, pulsa aqui mais do que em qualquer outro lugar. Aqui o povo, em todas as suas categorias, compreendeu que neste momento a disciplina, a harmonia e o trabalho são elementos necessários para a reconstrução da Pátria. Aqui há esse consenso, e não apenas a força. Aqui está o povo que se une a mim e ao Governo, porque legislamos acima de todos os interesses das castas e das categorias particulares. Aqui o povo sabe que o bem supremo da nação está acima das vontades singulares e individuais. Sabe que agora existe uma magnífica vontade coletiva no poder: a vontade coletiva de todo o povo italiano. Hoje nosso povo é compacto e solidário, hoje nosso povo se une em torno do fascismo, porque sabe que o fascismo representa o prodígio da raça italiana. Dessa raça que se reencontrou consigo mesma, que se redimiu e que voltou a ser grande.[81]

Um aspecto peculiar da oratória dos primeiros meses de governo de Mussolini foi o diálogo com a multidão, derivado do estilo inventado por Gabriele D'Annunzio na instauração do Estado Livre de Fiume. O diálogo não era efetivamente uma forma de envolvimento mais direto com a multidão na oratória de Mussolini, mas algo que lhe proporcionava uma maneira imediatamente eficaz de se proclamar como o intérprete e o representante do "povo imortal". Nesses diálogos, Mussolini pedia a esse povo a consagração de sua autoridade

---

81. Mussolini, *Opera Omnia*, vol. XIX, p. 272-273.

por meio de uma investidura direta e, por outro lado, lhe pedia juramentos de lealdade. É isso que podemos observar em seu pronunciamento do dia 24 de junho de 1923, quando ele falou pela primeira vez da sacada do *Palazzo Venezia*, se dirigindo a uma multidão de veteranos reunidos em Roma, por ocasião do Festival dos Combatentes. Ao final do desfile e da homenagem ao Soldado Desconhecido, Mussolini disse estas palavras:

Depois dessa demonstração formidável de força e saúde, minhas palavras são absolutamente supérfluas. Não tenho a intenção de fazer um discurso para vocês. Mas tenho o direito de interpretar o que aconteceu nesse nosso encontro, para o qual vocês vieram para ouvir a minha fala. Sua presença é um gesto de solidariedade para com o governo nacional. Nós não vamos falar palavras desnecessárias. Ninguém de nós está atentando contra a liberdade do povo italiano. Mas, mesmo assim, eu lhes pergunto: deve haver liberdade para mutilar a vitória do povo? (Gritos de "Não! Não!") Deveria haver liberdade para sabotar a nação? (Gritos de "Não! Não!") Deve haver liberdade para aqueles que planejam perturbar as instituições que nos governam? (Mais gritos de "Não! Não!") Repito o que disse explicitamente antes. Não me sinto infalível. Eu sou um homem como vocês.[82]

A identificação do líder com o "povo imortal", como seu único intérprete legítimo, não ocorreu apenas nas ocasiões em que Mussolini fez discursos dirigidos a categorias específicas, como os combatentes e os fascistas, evidentemente. Sua produção foi efetuada para forjar a assimilação de Mussolini com todo o povo italiano, com todo o povo vigoroso que o aclamava, mesmo que parte daquelas multidões não fosse fascista. Assim fez o *Duce* em seu discurso para a massa durante sua visita a Palermo em 5 de maio de 1924:

---

82. Mussolini, *Opera Omnia*, vol. XIX, p. 276.

Agora, povo de Palermo, eu quero falar com vocês. Este é um antigo costume, que remonta ao tempo em que os tribunos falavam ao povo em suas arengas. Mas é também um costume moderno, porque foi revivido em Fiume (Gritos de "Viva D'Annunzio!")

Bem, povo de Palermo, se a Itália lhes pede a disciplina necessária, se a Itália exige o trabalho harmonioso e a devoção absoluta à pátria, o que vocês respondem, povo de Palermo? (Todas as pessoas, de modo súbito e veemente, respondem-lhe com um formidável "Sim!")

E se amanhã for necessário que corra novamente a avalanche de sangue do seu peito, se for necessário eliminar tudo o que já não tem razão de existir, vocês estarão prontos para marchar? (A multidão explode em um novo e poderoso "Sim!").

Povo de Palermo!

Vocês são mesmo dignos de sua história e de sua glória. Vocês são mesmo dignos de sua história e de sua glória. Vocês são realmente o povo de Garibaldi! Como nem todas as batalhas já foram travadas, o trabalho de redenção e de reconstrução ainda não terminou.[83]

Em outras ocasiões, como no discurso para a população da Sardenha, no dia 11 de junho, Mussolini introduzia, ainda que de modo mais ou menos indireto, outra das razões para sua exaltação ao "povo imortal": a necessidade de regenerar o caráter dos italianos, após séculos de declínio e de escravização, para torná-los um povo novo, disciplinado e educado pelo fascismo. Para torná-lo pronto para marchar como um exército em busca da conquista de sua grandeza imperial:

Eu olhei em seus rostos, vi suas feições, fixei meus olhos nos seus olhos. Ao fazê-lo, hoje reconheço que vocês são excelentes filhos da raça italiana. Essa raça italiana já era grande, quando outros povos ainda nem sequer tinham nascido. Esta raça italiana que legou três

---

83. Mussolini, *Opera Omnia*, vol. XX, p. 260–261.

vezes ao mundo bárbaro e atônito a beleza de sua civilização. Queremos tomar novamente a forma desta raça italiana, para enfrentarmos todas as batalhas necessárias com disciplina, com trabalho e com fé.[84]

Desde os primeiros meses de governo, o *Duce*, nesse seu papel de tutor, nutre o ambicioso projeto de também se tornar o forjador de um novo povo italiano, movido cada vez mais por sua própria visão de uma Itália fascista unida, forte e poderosa. Em seu caráter coletivo, essa nova Itália incorporaria a ideia do *Duce* como o grande artista que moldou a matéria humana, como Mussolini frequentemente gostava de se descrever. Mas para um empreendimento tão gigantesco, era necessário tornar irrevogável a ascensão ao poder, concentrando-o totalmente em suas próprias mãos, era necessário transformar o próprio governo, nascido de uma ameaça insurrecional e de legitimidade parlamentar, num regime exclusivamente fascista.

DISCURSOS DO REGIME

Apesar das conclamações de parte da população para que as promessas de acabar com a violência fascista e de restaurar o respeito à lei fossem cumpridas, Mussolini nunca parou de repetir que o advento do fascismo era um evento irrevogável, que a milícia fascista, legalizada, era a força armada cujo dever era defender "os desenvolvimentos inexoráveis da revolução fascista", que o fascismo estava determinado a impor a todos os italianos uma disciplina ditatorial para iniciar a criação de um novo povo, moldado de acordo com os desígnios do *Duce*. Depois de reiterar essas proposições em todos

---

84. Mussolini, *Opera Omnia*, vol. XIX, p. 264-266.

os discursos, dentro e fora do Parlamento, Mussolini passou a colocar cada vez mais em prática tudo o que havia afirmado desde os últimos dias de outubro de 1922, quando impôs a comemoração do primeiro aniversário da "marcha sobre Roma", com manifestações públicas do Estado, segundo um programa que havia sido aprovado por seu próprio governo.

O *Duce* participou pessoalmente de todas as celebrações que aconteceram de Milão a Roma, refazendo o caminho tomado pelo fascismo para conquistar o poder. No primeiro discurso, feito em 28 de outubro em Milão, diante de uma imensa multidão de fascistas fortemente armados, que formavam as legiões da Milícia Voluntária para a Segurança Nacional, Mussolini narrou, com uma ênfase épica, uma breve crônica do fascismo, destacando sua rápida e esmagadora ascensão ao governo, num período de apenas três anos. Nessa crônica, exaltou ainda "a força invencível" do fascismo, representada por seus soldados. Dirigindo-se, particularmente, a eles, buscou excitar ainda mais seu entusiasmo: "vocês não são apenas a aristocracia de um partido, vocês são muito mais do que isso, vocês são a expressão e a alma da nação italiana". Já aos adversários o líder lançou mais esta ameaça: "é preciso que eles percebam que não vamos retroceder em nossas conquistas, que nós estamos preparados para travar as batalhas mais difíceis para defender nossa revolução". E continuou nestes termos:

> Por outro lado, peço a vocês que reflitam, por favor, sobre o seguinte: a revolução foi feita com bastões e cacetetes. O que vocês têm agora em suas mãos? (Os fascistas, então, gritaram: "rifles", "mosquetes"..., e mostraram essas suas armas, levantando-as acima de suas cabeças). Se com bastões e cacetetes foi possível fazer a revolução, e isso graças ao seu heroísmo e graças também à enorme

covardia daqueles que enfrentamos, agora a revolução é defendida e consolidada com armas, com as suas armas.

O *Duce* continuou com um tom sempre ameaçador, dirigindo-se aos militantes com o estilo oratório inventado por Gabriele D'Annunzio em Fiume três anos antes, para então recordar sinteticamente, com imagens eficazes, as razões fundamentais da ideologia, ou melhor dizendo, da mitologia do fascismo antidemocrático e imperialista:

Quero ter um diálogo com cada um de vocês e tenho certeza de que suas respostas serão afiadas e formidáveis. Minhas perguntas e suas respostas não serão apenas ouvidas por vocês, mas por todos os italianos e por todas as pessoas, porque hoje, depois de séculos, mais uma vez é a Itália que dá uma direção ao caminho da civilização do mundo. (Aplausos)

Camisas pretas, pergunto-lhes: se os sacrifícios de amanhã forem mais sérios do que os sacrifícios de ontem, vocês me apoiarão? (Gritos imensos dos fascistas: "Sim!")

Se amanhã eu lhes pedisse o que poderia ser chamado de uma prova sublime da disciplina, vocês me dariam essa prova? ("Sim!", Os soldados repetem com uma voz alta, com entusiasmo).

Se amanhã eu desse o sinal de alarme, o alarme dos grandes dias, daqueles que decidissem o destino dos povos, vocês responderiam? (Nova explosão entusiasmada de: "Sim! Nós juramos!")

Se amanhã eu lhes disser que precisamos retomar e continuar a marcha e empurrá-la para outras direções, vocês marchariam? ("Sim! Sim!". E o coro fascista sobe ao mais alto diapasão).

Vocês têm a alma pronta para todos os desafios que a disciplina exige, mesmo para aqueles em que vocês devem demonstrar que são os mais humildes, os mais ignorados, dia após dia? (A Milícia grita: "Sim!").

Vocês estão certamente fundidos em um espírito, um coração, uma consciência. Vocês realmente representam o prodígio desta maravilhosa e antiga raça Itálica, que conhece as tristes horas, mas nunca conheceu a escuridão das trevas. Se às vezes nosso destino parece escurecido, de repente ele reaparece sob uma luz maior.

A conclusão do discurso continuou na forma dialógica para reafirmar com evidente franqueza a vontade fascista de preservar firmemente o monopólio do poder:

São apenas doze meses. Vocês acham que vai durar doze anos multiplicado por cinco? ("Sim, sim!", Os militantes e a multidão) formam uma única voz.

Vai durar, camisas pretas. Durará porque nós, os negadores da doutrina do materialismo, não expulsamos a vontade da história humana; vai durar porque queremos que dure; durará porque vamos sistematicamente dispersar nossos inimigos; durará porque não é apenas o triunfo de um partido e uma crise ministerial: é algo muito, muito maior, infinitamente maior. É primavera, é a ressurreição da raça. São as pessoas que se tornam uma nação; é a nação que se torna um Estado; e é o Estado que busca as linhas de sua expansão no mundo.[85]

E o regime fascista, pela vontade do Duce e dos fascistas, durou vinte anos, desfeito apenas depois de ter sido esmagado por uma derrota militar desastrosa na Segunda Guerra Mundial.

Por muitos meses após a ascensão do fascismo no poder, a grande maioria dos políticos italianos, não-fascistas e antifascistas, estava convencida de que o governo de Mussolini não duraria muito e de que o Partido fascista seria atingido por uma grave crise interna durante o governo. Em 1923, ele parecia que seria desintegrado como uma organização improvisada, um agregado de bandidos sem ideologia, experiência e

---

85. Mussolini, *Opera Omnia*, vol. xx, p. 62.

prática governamental, unidos apenas pela violência armada contra oponentes. Apenas alguns observadores e políticos antifascistas, raros, perceberam que a chegada ao poder de um partido da milícia, dotado de um aparato militar que já havia imposto seu domínio violento na maior parte do território italiano, significaria o fim da democracia na Itália e o advento de uma "ditadura do partido total". Em 2 de novembro de 1923, comentando as celebrações marciais da "marcha sobre Roma", o antifascista liberal Giovanni Amendola, que no mês de abril daquele ano cunhara o termo "totalitário" para definir o domínio violento do partido fascista na política italiana, escreveu:

De fato, os que no futuro estudarão o movimento fascista não terão dúvida em afirmar que sua característica mais marcante é o espírito "totalitário". Do mesmo modo como acreditamos que amanhã o sol nascerá, os fascistas acreditam em seu Duce. Essa singular "guerra religiosa" que se desenrola na Itália há mais de um ano não nos oferece uma verdeira fé, nos nega o direito de ter uma consciência e nos impede de ter esperanças, porque nosso futuro está hipotecado com chumbo.

O "espírito totalitário", concluiu Amendola, agiu concretamente em uma Itália "com um governo cercado e defendido por uma milícia partidária, com um partido livre para dedicar-se à adulteração de toda a vida nacional em benefício de seus adeptos, com um Parlamento que está placidamente se movendo em direção à letargia preparada para isso pela nova lei eleitoral".[86] Dois anos depois, tendo superado a crise do governo causada pelo assassinato do deputado socialista Gia-

---

86. Amendola, G. *La democrazia italiana contro il fascismo 1922–1924*, Milão/Nápoles: Ricciardi, 1960, p. 193–197.

como Matteotti pelos esquadristas, Mussolini tomou o caminho da destruição do regime liberal para estabelecer o regime totalitário, como Amendola havia previsto de forma realista. No dia 22 de junho de 1925, no quinto e último congresso nacional do Partido fascista, Mussolini, depois de estrear dizendo, com o costumeiro hábito, que havia superado "o aborrecimento que tenho toda vez que tenho que fazer um discurso", proclamou as palavras de ordem do novo curso: "intransigência absoluta, ideal e prática", "todo o poder para todo o fascismo" e acrescentou, indiretamente aludindo a Amendola:

> Trouxemos a luta para um terreno tão claro que agora é necessário marcar nossa presença. E não apenas isso. Nosso objetivo deve estar bem definido e deve ser perseguido com toda nossa ferrenha vontade totalitária, deve ser perseguido com uma ferocidade cada vez maior. Esta tem de ser verdadeiramente a maior preocupação. Em resumo, queremos tornar toda a nação fascista, de tal modo que amanhã o italiano e o fascista, assim como são mais ou menos a mesma coisa o italiano e o católico, sejam a mesma coisa.[87]

O «DUCE» E A MASSA

Durante o regime fascista, a oratória de Mussolini continuou a frequentar diversas de suas circunstâncias e de seus eventos, preservando a trama fundamental entre os distintos temas de que costuma tratar o discurso fascista, tal como ela havia sido elaborada por Mussolini entre o ano seguinte à Primeira Grande Guerra e a celebração do primeiro aniversário de sua ascensão ao poder. De nossa investigação de Mussolini como orador, cujo percurso se estendeu desde a adolescência do aluno do colegial até o início, duas décadas depois,

---

87. Mussolini, *Opera Omnia*, vol. XXI, p. 362–363.

da trajetória do líder de um novo regime de partido único, podemos concluir que o aspecto fundamental de sua oratória era o contato constante e direto entre Mussolini e as massas.

Apesar da diversidade substancial das convicções ideológicas que o acompanharam nas várias metamorfoses de sua vida política, passando do socialista revolucionário ao líder do regime totalitário fascista, Mussolini teve uma atitude constante e difusa em relação às massas. O socialista revolucionário acreditava na possibilidade de emancipar as massas proletárias, de lhes forjar uma consciência autônoma, por meio da ação educativa do partido e da cultura marxistas. Assim, o futuro que se projetava para as massas era o de uma comunidade de pessoas livres e iguais na sociedade socialista. Já para o Mussolini fascista, a ideia de emancipação individual e coletiva das massas mediante a formação de uma consciência autônoma se tornara absolutamente estranha. O mandamento "Acreditar, obedecer e lutar" condensava a convicção de Mussolini a propósito da natureza imutável da massa como uma coletividade inevitavelmente gregária.

Com efeito, o *Duce* não escondeu essa sua convicção, a despeito de suas reiteradas exaltações retóricas do povo italiano e das multidões que ele conheceu e às quais se dirigiu por vinte anos nas mais diversas praças da Itália e, principalmente, na sacada do *Palazzo Venezia*, o púlpito de seus mais solenes e dramáticos discursos para os italianos. Em 1932, durante uma conversa entre Mussolini e o escritor austríaco, Emil Ludwig, que acabara de assistir a um breve discurso do *Duce* proferido justamente da sacada do *Palazzo Venezia*, Ludwig mencionara a sinergia entre o orador e a multidão. Mussolini lhe respondeu com uma franqueza brutal:

A massa para mim não passa de um rebanho de ovelhas, até que seja organizada. Eu não estou sendo hostil, mas somente não acredito numa capacidade de autogestão das multidões. Para liderar a massa, você deve dominá-la com duas rédeas: o entusiasmo e o interesse. Quem usar apenas uma delas estará em perigo. O lado místico do entusiasmo e o lado político do interesse se condicionam mutuamente. Este último sem o primeiro se torna muito árido, porque o interesse sem entusiasmo se perde diante de uma brisa. Não posso dedicar minha atenção à vida desconfortável das massas. Isso cabe a alguns poucos. Quanto à influência recíproca da qual você fala, ela consiste precisamente nisto: hoje, eu disse apenas algumas palavras aos que estavam reunidos na praça, amanhã, milhões de pessoas podem lê-las, mas aqueles que estavam lá embaixo acreditam mais profundamente no que ouviram com seus próprios ouvidos e no que viram com seus próprios olhos. Cada discurso dirigido à massa tem um duplo objetivo: esclarecer uma situação e sugerir alguma coisa nova. É por isso que para se produzir uma guerra é indispensável fazer um discurso ao povo.[88]

O *Duce* ficou lisonjeado com este comentário de Ludwig "Hoje, você é o maior especialista das massas" e lhe respondeu com estas palavras: "Eu conheço as massas há trinta anos. Em Milão, eles me chamavam de *Barbarossa*. Lá eu podia encher ou esvaziar as ruas com as multidões". Além disso, falando ainda com o escritor sobre seus discursos ao povo, Mussolini lhe disse que não os improvisava, como acabara de declarar publicamente aos seus ouvintes. Afirmou que levava meses para prepará-los. Ludwig ainda lhe perguntou: "O que você faz para que seu discurso possa mudar a visão das massas?". O *Duce* então lhe respondeu, dizendo que a técnica de seus

---

88. Ludwig, E. *Colloqui con Mussolini*, Milão: Mandadori, 1965, p. 129.

discursos para a multidão consistia na "arte de disciplinar as massas", tal como também o fazia Lênin, acrescentou Mussolini, elogiando a oratória do líder bolchevique.

A construção dos meus discursos é como a construção das casas americanas. Primeiro, a estrutura é erguida, ou seja, montam a estrutura em aço. Em seguida, o cimento ou tijolos são lançados. A depender da oportunidade, acrescenta-se o material mais nobre do acabamento. Para o discurso que farei na festa de outubro, já tenho a estrutura pronta, mas, depois, dependerá da atmosfera da praça, dos olhos e das vozes dos milhares de homens que estarão por lá, para eu decidir se lhe acrescentarei somente tijolos ou travertino, ou ainda se colocarei cimento e mármore mais ou menos juntos.[89]

Na base dessa sua postura para com as massas e de sua técnica para falar às multidões, estava sua total desconfiança na racionalidade humana como uma qualidade individual e coletiva. Para reforçar essa desconfiança, além de suas experiências políticas pessoais, contribuíram estudiosos da irracionalidade do comportamento humano, como Vilfredo Pareto e Gustave Le Bon. Deste último, Mussolini se declarou um admirador e leitor frequente em várias ocasiões. Para o jornalista francês Pierre Chanlaine, que o entrevistou em 1932, o *Duce* declarou:

do ponto de vista filosófico, eu sou um dos mais fervorosos adeptos do seu ilustre conterrâneo Gustave Le Bon, cuja morte lamento profundamente. Li toda sua imensa e penetrante obra. Sua *Psicologia das massas* e sua *Psicologia dos novos tempos*, em particular. São duas obras, juntamente com seu *Tratado de psicologia política*, às quais me reporto frequentemente. Aliás, me inspirei em muitos dos seus princípios para edificar o atual regime de governo da Itália.[90]

---

89. Ludwig, 1965, p. 130–131.
90. Chanlaine, P. *Mussolini parle*, Paris: Jules Tallendier, 1932, p. 61–63.

Com sua longa experiência em política de massa, primeiramente como socialista e, em seguida, como fascista, é provável que Mussolini não precisasse dos ensinamentos de Le Bon para conquistar as massas, mas, certamente, as reflexões do psicólogo social francês o ajudaram a refinar seu estilo oratório. Dessas reflexões deve derivar o predomínio das imagens sobre os assuntos tratados e o da produção de repetições, de emoções e de frases lapidares e sentenciosas sobre a elaboração de raciocínios. Qualquer que tenha sido a influência direta de Le Bon sobre Mussolini, o fato é que a oratória do líder fascista pode muito bem ser considerada o exemplo prático mais bem acabado de suas teorias sobre a psicologia das massas.

Ao longo dos anos do regime, a oratória de Mussolini foi sendo desenvolvida como parte de um amplo aparato de propaganda, que transformou cada um dos discursos que o líder dirigia às massas, da sacada do *Palazzo Venezia* ou das sacadas e dos palanques de muitas cidades italianas, no momento culminante de um ritual cuidadosamente preparado. Tratava-se de um evento ritualizado, que havia sido elaborado com a expertise de toda uma equipe, para que nele se processasse uma espécie de fusão mística entre o líder e a multidão. Os efeitos que os discursos desse líder produziam sobre as massas reunidas para ouvi-lo podem ser observados num relatório policial acerca de um pronunciamento feito por Mussolini em Nápoles, em outubro de 1931. O comentário do informante anônimo, afetado pelo entusiasmo coletivo, torna-se ainda mais significativo, porque não se destinava à publicação:

O *Duce* falou... mas ele era acima de tudo de tal modo tão dramaticamente expressivo, que ele nem precisaria dizer nada. A multidão delirante, em estado de graça, sentia, e o sentia por meio dos espasmos e das contradições encarnadas naquele rosto e naquele corpo do líder italiano, que algo grande e terrível estava sendo preparado para a Itália e para o mundo. A multidão sentia que Benito Mussolini era o artífice invencível dessa transformação.[91]

Quanto aos efeitos que os encontros com as massas produziram no *Duce*, eles são confirmados por vários e confiáveis testemunhos. Mussolini sofreu a sugestão do entusiasmo coletivo, ficando arrebatado com a dedicação que a multidão lhe demonstrava, mesmo que ele soubesse que boa parte da empolgação da massa e de seu efeito sobre ele próprio eram devidos ao aparato propagandístico e que havia uma imposição do Partido fascista à população para participar das suas "reuniões oceânicas". Attilio Tamaro, um historiador fascista que conhecia bem Mussolini, afirmou que o *Duce* tinha "uma visão encantada das multidões":

Se poderia dizer que um sólido vínculo se estabelecia, em particular, entre o orador e as massas quando o *Duce* lhes dirigia sua fala. Era algo diferente de uma mera sugestão, porque, em certo sentido, Mussolini não apenas possuía as multidões, mas era também possuído por elas. Um prefeito nos contou que havia acompanhado o *Duce* numa de suas turnês na região de Marcas: enquanto o carro estava em movimento e os dois conversavam pacificamente sobre problemas locais, o prefeito a certa altura percebeu que Mussolini dava sinais de inquietação e de que prestava menos ateção à conversa. Notara que pouco a pouco os traços de seu rosto mudaram e endureceram, enquanto evidentemente sua atenção era atraída para alguma coisa que o prefeito não via nem ouvia. Finalmente, o prefeito tomou conhecimento da razão dessa mudança: Mussolini, que não conhecia o lugar, não tinha certeza se eles estavam já próximos ou não do centro da cidade para a qual estavam se dirigindo. Mas, ele pôde

---

91. Prezzolini, *op. cit.*, p. 226.

sentir a proximidade da multidão que o esperava. Então, ele se tornou outro homem. [...] Ele era pessimista e cauteloso em relação aos indivíduos, e às vezes se tornava cínico e até mesmo vulgar. Mas, as massas eram para Mussolini um fenômeno mais complexo. Ele experimentava intensamente o contato com as massas. Isso fazia com que sua oratória não fosse somente algo simples e fascinante, mas se tornasse também uma obra-prima do governo político. Ele parecia confiar mais nas massas do que em seus próprios colaboradores.[92]

Por quase duas décadas, o *Duce* falou às massas para anunciar suas decisões mais importantes, tais como as declarações de guerra à Etiópia em 1935, à Grã-Bretanha e à França em 1940, e aos Estados Unidos em 1941. Com discursos para as multidões, comemorou tanto a vitória na Etiópia em 1936 quanto o "reaparecimento do império nas colinas de Roma". Tudo isso culminaria nos momentos de sua apoteose, em que se deu a mística comunhão com "o povo imortal". Mas, nos anos da Segunda Guerra Mundial, quando o exército italiano sofreu derrota após derrota, o *Duce* ficou em silêncio.

Os italianos, então, modificaram seu nome: de Mussolini para *Mutolini*.[93] A última vez que o *Duce* apareceu na sacada do Palazzo Venezia para falar algumas palavras à multidão reunida foi em 5 de maio de 1943. Também havia sido num 5 de maio, mas do ano de 1936, que daquela mesma sacada o *Duce* anunciara a conquista da Etiópia. Igualmente, num 5 de maio, desta vez, do ano de 1941, o imperador da Etiópia, deposto por Mussolini, retornava triunfantemente ao trono, com a atuação de tropas britânicas. Já em 25 de julho de 1943,

---

92. Tamaro, A. *Venti anni di storia (1922–1943)*. Roma: Tiber, 1953–1954. vol. II, p. 150–152.
93. Nota do tradutor: em italiano *muto* significa *mudo*.

o *Duce*, dominado por derrotas militares, deserdado pela maioria do Grande Conselho, órgão supremo do fascismo, foi preso por ordem do rei e seu regime fascista entrou em colapso. Assim, as multidões, que antes ovacionavam Mussolini, agora, passaram a aplaudir a liberdade recuperada e a sonhar com o fim da guerra.

Prisioneiro e isolado numa ilha do Mar Tirreno, na condição de "ex-chefe do governo aprisionado para sua proteção contra a fúria popular",[94] como ele próprio definia, Mussolini meditou filosoficamente sobre a volubilidade das massas: "Das três almas, de que falou Platão, as massas possuem somente as duas primeiras: a vegetativa e a sensível. Ela não tem a alma que se eleva ao seu mais alto nível, a saber, a alma intelectual. Por isso, para mim, não é difícil acreditar que milhões de italianos, que me glorificavam até ontem, hoje, me odeiam e amaldiçoam o dia em que nasci e a cidade onde vi a luz. Amaldiçoam todos os de minha raça. Talvez, odeiem até meus antepassados, mas, certamente, odeiam a mim e a todos de minha família que ainda estão vivos!"

Emilio Gentile

---

94. Mussolini, *Opera Omnia*, vol. XXXIV, p. 295.

Bolsonaro fala às massas
Do baixo clero político à presidência da República

> A linguagem sempre revela o que uma pessoa tem dentro de si e deseja encobrir, de si e dos outros, ou que conserva inconscientemente. Uma pessoa pode fazer declarações mentirosas, mas o estilo deixará as mentiras expostas
>
> VICTOR KLEMPERER

DE CAPITÃO GANANCIOSO A VEREADOR POPULISTA

No dia 03 de setembro de 1986, Jair Bolsonaro aparece pela primeira vez no cenário público brasileiro. Publicara na seção "Ponto de vista" da revista *Veja* um artigo intitulado "O salário está baixo". Eis algumas passagens desse artigo, cuja irrelevância o teria certamente fadado ao esquecimento, não fosse a terrível ascensão política de seu autor:

Há poucos dias a imprensa divulgou o desligamento de dezenas de cadetes da Academia Militar das Agulhas Negras por homossexualismo, consumo de drogas e uma suposta falta de vocação para a carreira. Em nome da verdade, é preciso esclarecer que, embora tenham ocorrido casos residuais de prática do homossexualismo, consumo de drogas e mesmo indisciplina, o motivo de fundo é outro. Mais de 90% das evasões se deram devido à crise financeira que assola a massa dos oficias e sargentos do Exército brasileiro.

Agora, na Nova República, novamente sofremos uma grande perda salarial: a maioria dos trabalhadores, através de lutas sindicais que nos são expressamente proibidas, gozava de adiantamentos, trimestralidade, bônus e outros ganhos que foram incorporados aos salários. Como não tínhamos esse privilégio, perdemos novamente o equivalente a três meses de inflação na época em que ela corroía consideravelmente o poder aquisitivo da população.

Como capitão do Exército brasileiro, da ativa, sou obrigado pela minha consciência a confessar que a tropa vive uma situação crítica no que se refere a vencimentos.

Esse quadro é a causa sem retoques da evasão, até agora, de mais de oitenta cadetes da AMAN. Eles solicitaram desligamento. Não foram expulsos, como sugere o noticiário.

Não pleiteio aumento salarial. Reclamo – como fariam, se pudessem, meus colegas – um vencimento digno da confiança que meus superiores depositam em mim. Muitos reclamam da não tributação do imposto de renda sobre vencimentos brutos dos oficiais e sargentos. Ora, se isso ocorresse, depararíamos com a inconcebível circunstância de um aspirante a oficial do Exército – homem de elite e cheio de sonhos – ter que sobreviver com menos de 5.000 cruzados mensais.

Torno público este depoimento para que o povo brasileiro saiba a verdade sobre o que está ocorrendo na massa de profissionais preparados para defendê-lo. Corro o risco de ver minha carreira de devoto militar seriamente ameaçada, mas a imposição da crise e da falta de perspectiva que enfrentamos é maior. Sou um cidadão brasileiro cumpridor de meus deveres, patriota e portador de excelente folha de serviços. Apesar disso, não consigo sonhar com as necessidades mínimas que uma pessoa do meu nível cultural e social pode almejar. Amo o Brasil e não sofro de nenhum desvio vocacional. Brasil acima de tudo.[1]

---

1. Bolsonaro, J. "O salário está baixo", in *Veja*, 03 de setembro de 1986, p. 154.

Há nesse texto maquinações e construções de linguagem de Bolsonaro que perdurarão ao longo do percurso que o conduziu do baixo clero político à presidência da República. Uma delas é a produção da mentira contrafeita com o que seria sua prerrogativa da verdade e com a denúncia de falsidade de outrem, nesse caso, da imprensa. Outra é a tentativa de constituição de um ethos investido de autenticidade, cujos benefícios derivam dos valores positivos agregados a quem, supostamente impelido por dever de consciência, tem coragem de confessar algo grave e de enfrentar os riscos decorrentes de sua ação de dizer a verdade. Bolsonaro mostra-se disposto a um sacrifício, em nome do que seria uma justa causa: "um vencimento digno da confiança que meus superiores depositam em mim". Essa é a forma de escamotear o objetivo que ele busca e nega manifestamente buscar.

O negacionismo é, portanto, mais um de seus procedimentos, atualizado aqui nesta denegação: "Não pleiteio aumento salarial". A ele se somam ainda seu interesse corporativo e a superestimação de si e dos seus. "Homem de elite e cheio de sonhos", "portador de excelente folha de serviços" e "uma pessoa do meu nível cultural e social": a insistência nessa superestimação tanto indica a insegurança de quem a produz quanto revela a causa do menosprezo pelos de classe, grupo e gosto distintos, tomados como inferiores. Enquanto o salário de um capitão, uma das categorias para as quais Bolsonaro reivindicava aumento salarial, era de 10.433 cruzados por mês, o salário mínimo era de 804 cruzados à mesma época. É por essa razão que as conquistas trabalhistas serão chamadas de "privilégios". O mecanismo que vigora aí deriva de visão excludente de direitos e repressora de desejos: se outros os têm, luto para que sejam eliminados. Sob o pretexto de somente falar de direitos e desejos alheios, o que se faz de fato é proceder à sua condenação. As práticas de "homossexualismo", o consumo de drogas e os direitos trabalhistas são o gozo de outrem, concebido como tormento.

"Brasil acima de tudo". Como sabemos, esta última frase de seu texto será mais do que nunca ouvida e reproduzida à exaustão trinta e dois anos mais tarde. Dotada de relativa autonomia, a formulação poderia figurar em diferentes passagens do texto e ainda ser dele extraída para circular sob a forma de um *slogan* em diversas outras circunstâncias. Seu uso como ponto de chegada de uma peroração, onde bem cabe o apelo patético, constrói o efeito de um grito patriótico que arremata todo o nacionalismo exposto ao longo do texto. Ao ethos da autenticidade se junta o do patriotismo, pois Bolsonaro integra uma "massa de profissionais preparados para defender o povo brasileiro" e afirma em primeira pessoa do singular seu amor pelo Brasil. Além de lhe agregar a virtude do patriotismo, a declaração de amor e o grito de guerra dispensam-no de concluir seu texto com um argumento. Em seu lugar, vêm vagueza semântica, emoções e frases lapidares, que substituem a elaboração de raciocínios.

Como metáfora e prenúncio do que viríamos décadas mais tarde, o grito patriótico ufanista encarna um ato prototípico da linguagem fascista, porque constrói uma identidade imaginária, reforça o amor pelos seus, delineia uma alteridade com a qual se indispõe e fala não para se abrir à réplica de um diálogo, mas para calar as vozes de uma pluralidade democrática. A fanática declaração de amor é a escusa para o silenciamento simbólico da diferença e para os gestos de violência destinados aos que não compartilham desse amor e ainda mais aos que o criticam. Diferentemente do debate que, ante as diferentes posições, pode suprir o enfrentamento físico, um grito de guerra é a antecipação do ataque e da morte do adversário. É linguagem de sinal fechado que quer calar a linguagem de sinal aberto, pela qual a diferença pode existir e se fazer ouvir.

A reclamação pelos baixos salários publicada na *Veja* custou a Bolsonaro um processo militar e uma leve punição que o levou a uma rápida passagem pela prisão. Pouco mais de um ano mais tarde, as páginas da revista seriam novamente um foco de luz sobre Bolsonaro, projetando novamente seu nome para parte da sociedade brasileira. Uma vez que o protesto e a reivindicação por melhores salários não foram ouvidos, Bolsonaro e outros militares passariam a uma ação bem mais contundente: "Falamos, falamos, e eles não resolveram nada". Na edição de *Veja* publicada no dia 25 de outubro de 1987, a jornalista Cassia Maria revelou os bastidores da operação "Beco sem saída", que consistia num plano de explosão de bombas na Escola de Aperfeiçoamento de Oficiais, na Academia Militar das Agulhas Negras e em outras dependências militares, tal como lhe foram relatados por capitães envolvidos na operação. No conforto do segredo, Bolsonaro destrata seus superiores: "São uns canalhas". Sua coragem não resistiria, se posta à prova. O relato de Cassia Maria se encerra com a insistência e a ameaça do então capitão para que nada daquilo fosse publicado: "Nervoso, Bolsonaro advertiu-me mais uma vez para não publicar nada sobre nossas conversas: 'Você sabe em que terreno está entrando, não sabe?', perguntou".[2]

---

2. "Pôr bombas nos quartéis, um plano na Esao", in *Veja*, 25 de outubro de 1987, p. 40–41.

Bolsonaro fala para intimidar e tentar calar a exposição de uma verdade a seu respeito. Nem essa sua atitude autoritária nem o grave plano de explosão de bombas foram suficientemente denunciados e devidamente punidos. Entre abril e junho de 1988, apesar das evidências factuais e da condenação interna na instância designada Conselho de Justificação, ele nega a existência da operação "Beco sem saída", protocola defesa junto ao Superior Tribunal Militar e é absolvido. Todo o imbróglio precipita o fim de sua carreira militar, culminando na reserva remunerada como capitão do Exército. Ao invés de uma punição, seu extremismo lhe rendeu esse e outros maiores benefícios. Em novembro daquele mesmo ano, Bolsonaro seria eleito vereador da cidade do Rio de Janeiro pelo Partido Democrata Cristão com 11.062 votos.

Sua primeira conquista eleitoral deveu-se em larga medida à sua defesa das causas militares. As reclamações de aumento salarial lhe expuseram a embates e desgastes com os comandantes, mas também lhe proporcionaram uma projeção e alguma admiração entre os militares de menor patente, que passavam a vê-lo como um porta-voz que podia representá-los. Mas Bolsonaro não alcançaria essa condição sem a visibilidade midiática de que começou a gozar com o artigo e com a reportagem da revista *Veja*. A exposição na mídia de um sujeito que se mostrava disposto não somente a falar em nome dos seus, mas também a tomar medidas extremas para a defesa dos interesses de graduados, oficiais subalternos e oficiais intermediários, foi um fator decisivo no início de sua ascensão política.

Missão dada é missão cumprida. Uma vez que Bolsonaro fora eleito com a pauta da defesa dos militares, dele não se esperava que fizesse nem mais nem menos do que isso como vereador. Foi-lhe atribuída essa missão e ele a cumpriu a seu modo: defendeu os militares com relativamente poucos, mas veementes e inflamados pronunciamentos. Além de essa constante e virulenta defesa continuar a lhe promover, tal como fizera com seu projeto de lei em benefício do transporte público gratuito para os militares, Bolsonaro já começara a se notabilizar pelo patrocínio da moralidade e pelo destempero. Como a legislatura precedente havia sido maculada por denúncias de clientelismo, empreguismo e regalias, a Câmara havia se renovado: "dos 42 eleitos, 29 estreavam na casa". Nesse cenário, o mote dos discursos de Bolsonaro "era o do resgate da moralidade".[3] Entre dezembro de 1989 e fevereiro de 1990, o vereador do PDC frequentou a imprensa com estas pautas: voto contrário ao aumento de IPTU; denúncia da criação da Companhia Municipal de Energia e Iluminação (RioLuz) e do que seria sua escusa função de distribuir cargos a aliados políticos do executivo fluminense; e acusação de que a Prefeitura do Rio estaria cobrando aluguéis irrisórios de prédios públicos situados em áreas nobres da cidade e locados por empresários aliados do prefeito.[4]

Na sessão da Câmara do dia 27 de março de 1990, a assembleia apreciava uma emenda do vereador Alfredo Sirkis, do Partido Verde. O que se propunha com ela era a extinção do artigo que punia o vereador que depreciasse a imagem da Câmara com sua cassação.

---

[3]. Saint-Clair, Clóvis. *O homem que peitou o exército e desafia a democracia*. Rio de Janeiro: Máquina de Livros, 2018, cap. 52–53.
[4]. Saint-Clair, 2018, p. 55.

Convocado para fazer a chamada dos parlamentares, Bolsonaro irritou-se quando o vereador Américo Camargo (PL) decretou a manutenção do artigo, com o voto de minerva que determinou o placar de 18 a 17. Deu um soco na mesa e vociferou:

— Quero ver quem tem coragem de me cassar neste plenário!

Foi o bastante para que instaurasse uma grande confusão envolvendo o Bloco Progressista, formado basicamente por integrantes dos partidos de esquerda, e o centrão, liderado pelo vereador Maurício Azêdo (PDT). Esse já havia xingado no início da sessão Chico Alencar (PT) e Francisco Milani (PCB), presidente da Câmara, que abandonou os trabalhos em protesto contra o que considerou 'falta de respeito'. Involuntariamente, o soco de Bolsonaro na mesa soou como gongo, e o plenário se transformou num ringue. Azêdo partiu para cima de Alencar e lhe acertou um murro no rosto. Ivo da Silva (PTR) pulou diversas cadeiras para atacar Guilherme Haeser (PT).[5]

Sua condição de protagonista e incentivador de ações violentas somada aos expedientes populistas e à projeção midiática concorreram para o crescimento de sua popularidade. Bolsonaro daria muita visibilidade à sua recusa de pagamento por participar das sessões extraordinárias da Câmara: "Nós já recebemos uma remuneração razoável para exercer o mandato, e não precisamos de expedientes desse tipo. Isso é vergonhoso!". E faria o mesmo com a devolução de cinco mil cartões de Natal que recebera para enviar a seus eleitores: "Desejar votos de boas festas às custas do contribuinte é uma afronta à sociedade". Posturas e discursos populistas e agressivos tanto mais eficientes quanto mais fossem repercutidos pela mídia:

---

5. Saint-Clair, 2018, p. 56.

De resto, o capitão reformado utilizou com frequência a seção de cartas dos leitores dos jornais como tribuna para desferir ataques ao PT; denunciar os baixos salários da tropa e das pensões de ex-combatentes; a falta de isonomia entre os vencimentos da PM e dos Bombeiros em relação ao soldo dos militares das Forças Armadas; as condições precárias dos hospitais militares e do Fundo de Saúde do Exército.[6]

Defender com unhas e dentes os interesses dos seus, atacar os concorrentes políticos, recusar prerrogativas e conseguir divulgação de tudo isso na imprensa eram os meios pelos quais Bolsonaro se fazia cada vez mais conhecido. A possibilidade de perder aquela via de projeção midiática fez o vereador do PDC buscar outro meio para continuar frequentando o noticiário. Os jornais haviam decidido suspender a publicação de mensagens de políticos na seção de cartas dos leitores. Diante disso, "Bolsonaro descobriu um modo mais eficaz de garantir espaço na mídia", para continuar em sua "defesa das pequenas e grandes bandeiras que levanta em nome do que há de mais conservador ou reacionário": o vereador populista "deixa sua impulsividade falar mais alto e vocifera em lugar de argumentar". Com frequência, fazia-o "distribuindo coices nos adversários políticos, ao melhor estilo do Cavalão".[7]

No final de 1973, o então jovem Bolsonaro havia passado no concurso de admissão da Academia Militar as Agulhas Negras. Já na academia, o aspirante defrontava-se com suas limitações e com as dificuldades para ser aprovado: "O nível das disciplinas era bem maior do que aquele com o qual estava acostumado. O cadete sofria nas aulas de Geometria descritiva e pensou em desistir". Incentivado pelo pai, "Jair Messias deu seu jeito e passou de ano. Destacava-se mais, porém,

---

6. Saint-Clair, 2018, p. 57.
7. Saint-Clair, 2018, p. 57.

nas atividades físicas. Foi recordista na corrida de 4 Km fardado e começou a competir no pentatlo. Seu vigor lhe valeu o apelido de Cavalão — como os militares se referem a quem exibe bom porte físico".[8] Os reforços positivos dessa sua disposição física e as dificuldades enfrentadas no plano intelectual provavelmente contribuíram para que se instalasse mais ou menos precocemente em Bolsonaro o que vimos ser um dos traços do programa pedagógico de Hitler e um dos traços do fascismo: a predileção pelo preparo físico e pelas ações, em detrimento da reflexão, da formação intelectual e dos conteúdos filosóficos e científicos, que ficam relegados a um último plano e são concebidos com desconfiança e desprezo.

A conveniência dessas comparações entre os fascistas europeus do começo do século XX e o representante de nosso neofascismo que venceu as eleições presidenciais em 2018 não deve se impor sobre nosso objetivo de retraçar uma narrativa histórica de Bolsonaro, que passa por três momentos decisivos de sua carreira política: sua atuação como deputado federal, seu desempenho eleitoral como candidato à presidência da República e o início do cumprimento de seu mandato como presidente da nação. Por essa razão, somente recorreremos a essas eventuais comparações para que elas esclareçam propriedades mais ou menos comuns da linguagem fascista. Iremos empreendê-las ou ressaltá-las, buscando não descurar das especificidades históricas e dos fatores sociais envolvidos nas condições de produção dos discursos de Bolsonaro em cada um desses contextos.[9] Tentaremos proce-

---

8. Saint-Clair, 2018, p. 23–24.
9. O anti-intelectualismo é um dos traços do fascismo e de sua linguagem. Manifesta-se em Bolsonaro como se fosse um traço idiossincrático. Mas, na formação do anti-intelectualismo deste último e dos bolsonaristas, há fatores decisivos da história brasileira, conforme veremos.

der do mesmo modo no estabelecimento de relações entre as diferentes fases da carreira política de Bolsonaro.

O soco na mesa, as vociferações do vereador populista e a repercussão midiática de suas ações e pronunciamentos na Câmara municipal do Rio de Janeiro talvez prenunciem, mas não são idênticos aos seus atos e discursos cada vez mais investidos de poder, de efeitos nocivos e de visibilidade, à medida que Bolsonaro ascende em sua trajetória política. Com efeito, os poderes e os perigos de fascismos e neofascismos não se limitam à sua linguagem. Não há dúvida de que as agressões e os extermínios ultrapassam as ações linguísticas. A linguagem fascista não pode, porém, ser subestimada. São as versões fascistas da história que promovem a progressão da anuência de discursos de ódio e de atos violentos e fatais. Sua eficácia reside não somente no que contam, mas também em suas maneiras de contar. É por essa razão que os esforços que empreendemos aqui para compreender a ascensão bolsonarista se soma àqueles já realizados por cientistas políticos, filósofos e historiadores, mas concentram-se nas propriedades e transformações da linguagem fascista, tal como ela se atualizou na boca de Bolsonaro em diversas circunstâncias, concorrendo decisivamente para elevá-lo da política do baixo clero e do abjeto e atraente entretenimento midiático à presidência da República.

O DEPUTADO FALASTRÃO

Abaixo da mediocridade. Não se poderia classificar de outro modo o desempenho de Bolsonaro como deputado federal ao longo de quase três décadas. Essa sua irrisória atuação é bastante conhecida[10] e contrasta com toda a visibilidade que ele conseguiu adquirir sobretudo em seus dois últimos mandatos tanto com suas defesas dos militares e da ditadura de 1964, de punições cada vez mais severas na área de segurança pública e de pautas pró moral e bons costumes quanto com seus ataques a programas sociais e políticas afirmativas, a ideologias igualitárias e aos direitos humanos. Se as coisas ditas nessas defesas e nesses ataques foram necessárias para a projeção alcançada por Bolsonaro, elas não seriam suficientes para alçá-lo além de sua irrelevante atuação no Congresso. Para tanto, foram fundamentais suas maneiras de dizer, a ampla difusão midiática do que disse, a falta de devidas punições às suas quebras de decoro, o reforço de um relativo consenso conservador e a constituição de uma espiral de silêncio nos setores progressistas.

Bolsonaro deixa a condição de político insignificante e se torna porta-voz do pensamento reacionário no Brasil graças ao substrato autoritário nas ações e no imaginário brasileiro, à nossa história de atraso na redução de injustiças e desigualdades sociais e à sua conformidade com a lógica do espetáculo que vigora em nossa mídia. As declarações ofensivas e os pronunciamentos agressivos ganharam cada vez mais repercussão e popularidade, porque se encaixam em consensos compartilhados por boa parte da população, para cuja formação a grande mídia diversionista contribui decisivamente, e porque causam controvérsias e dão grande audiência aos

---

10. Conforme se pode verificar na síntese de sua biografia e de sua atuação como deputado divulgada pela Câmara Federal; e conforme ainda várias reportagens da imprensa. Entre estas últimas, ver, por exemplo, "Após 25 anos de Congresso, Bolsonaro consegue aprovar 1ª emenda; 'Sou discriminado' ", BBC News, 17 de junho de 2015.

veículos que lhes abrem espaço. Depois de uma atuação relativamente discreta em sua estreia no cenário político em Brasília, já em segundo mandato como deputado, Bolsonaro "se sentiu mais à vontade para adotar a estratégia de verbalizar declarações polêmicas para garantir mais espaço na mídia, revelando seu desprezo pela democracia e pelos direitos humanos". Quando do massacre do Carandiru, em 02 de outubro de 1992, em que 111 detentos foram mortos pela Polícia Militar, "Bolsonaro vociferou: Morreram poucos. A PM tinha que ter matado mil!".[11] No ano seguinte, ele ainda diria publicamente fora e dentro da própria Câmara que era favorável ao fechamento do Congresso. A atitude abertamente antidemocrática não lhe rendeu mais do que uma mera advertência.

São inúmeros os programas de entretenimento veiculados no rádio e na televisão que o entrevistaram, são igualmente muito numerosas as entrevistas concedidas por Bolsonaro a telejornais e as retransmissões no rádio, na tevê e, mais recentemente, nas redes sociais de passagens particularmente espetaculares de seus pronunciamentos nas sessões do Congresso Nacional. Aproveitando-se dessa lógica do espetáculo midiático, Bolsonaro adotou deliberadamente o estilo impulsivo em suas intervenções, o alto volume de voz, a tensão e a agressividade na produção de suas falas, com os quais buscou atrair ainda mais o interesse do público conservador e a atenção da imprensa irresponsável. O próprio deputado o admitiu, embora tenha dourado bastante a pílula, ao fazê-lo, chamando de "contundência" a virulência de seus discursos: "Sem contundência ninguém é ouvido. Temos excelentes deputados que expressam suas ideias de forma polida e por isso

---

11. Saint-Clair, 2008, p. 69–70.

não encontram eco na mídia. Minhas declarações vendem jornais e revistas e dão audiência no rádio e na TV".[12] Por essa razão, diferentemente da estratégia de outros políticos e de outras pessoas públicas, que se caracteriza por mostrar ponderação e bom-senso na exposição de seus julgamentos ou por mais simplesmente fugir de temas que dividem as opiniões, Bolsonaro investe na promoção e na manutenção de controvérsias nas quais se posiciona aberta e excessivamente e se apresenta como um dos principais porta-vozes da ideologia conservadora: "Tenho paz na consciência e falo o que penso e tenho apoio de considerável parcela da sociedade".[13] Assim, ele produziu surpresa e indignação entre alguns de nós, mas também foi considerado um político excêntrico por outros tantos e ainda se estabeleceu solidamente como um legítimo representante da extrema-direita para uma terceira e não negligenciável parcela da população.

A despeito de seus discursos em defesa da família, da moral e dos bons costumes e do governo militar já lhe terem rendido alguma projeção, Bolsonaro continuava numa espécie de limbo político para boa parte da sociedade brasileira no curso de seus primeiros mandatos como deputado federal. Foi principalmente na passagem do quinto para o sexto mandato, e de modo particular a partir deste último, que ele adquiriu um considerável protagonismo na oposição ao projeto que tornava crime a homofobia e na derrota que ajudou a impor ao Ministério da Educação, que pretendia distribuir material anti-homofóbico nas escolas, em 2011. Para a promoção de seu nome, como sempre, a cobertura e a repercussão

---

12. Bolsonaro, Jair. "Sou preconceituoso, com muito orgulho". Revista *Época*, 02 de julho de 2011.
13. Bolsonaro in revista *Época* (2011).

midiática foram fundamentais. Destacamos aqui somente algumas dessas inúmeras circunstâncias nas quais grandes veículos da imprensa, do rádio e da televisão consagraram atenção e espaço para a manifestação de sua posição: "O deputado Jair Bolsonaro (PP-RJ) protagonizou um novo bate-boca na Câmara nesta quarta-feira, ao criticar homossexuais durante uma audiência pública sobre segurança pública. Bolsonaro voltou a dizer que nenhum pai pode 'ter orgulho de ter um filho gay' e atacou o 'kit gay', material anti-homofobia que o Ministério da Educação estuda distribuir às escolas".[14] Aproximadamente três meses depois, como vimos, a revista *Época* promovia uma entrevista de Bolsonaro concedida a seus leitores. Nela, o deputado disse o seguinte:

Minha luta vitoriosa no Congresso foi contra a distribuição do kit gay nas escolas do 1º grau. Não podia me omitir diante do material que estimulava nossos meninos e meninas a ser homossexuais. E deviam se orgulhar dessa condição. No mais, tudo é demagogia, pois certamente não acredito que nenhum pai possa se orgulhar de ter um filho gay. (...) Se lutar para impedir a distribuição do kit-gay nas escolas de ensino fundamental com a intenção de estimular o homossexualismo, em verdadeira afronta à família, é ser preconceituoso, então sou preconceituoso, com muito orgulho.

Essa passagem da entrevista contém uma série de recursos e expedientes de linguagem de que Bolsonaro já se valia desde quando era um vereador quase anônimo e um deputado caricato e de que continuaria a se valer em sua escalada para a condição de político bastante conhecido. O então deputado pelo Partido Progressista forja a personalização

---

[14]. Guimarães, Larissa. "Bolsonaro volta a atacar 'kit gay' do Ministério da Educação", *Folha de S. Paulo*, Poder, 27 de abril de 2011.

belicosa de sua atuação, que lhe rendera uma vitória e, ao precisar o adversário combatido em sua batalha, emprega uma expressão que se cristalizaria, graças à sua condição de fórmula fácil, simplista e muito pregnante. Prova de sua grande pregnância foi o fato de que a expressão tenha passado a circular e a ser reproduzida abundantemente na imprensa e eventualmente mesmo entre alguns partidários mais desavisados de ideologias igualitárias e inclusivas.

Além disso, Bolsonaro constrói um simulacro grosseiro, mas bastante eficiente, da posição antagonista, mediante o qual o material anti-homofobia é transformado em "kit gay", cujo objetivo seria o de estimular "nossos meninos e meninas a ser homossexuais". Há ainda o uso de um argumento disjuntivo falacioso, segundo o qual não haveria outra opção além destas duas opostas: ou se teria vergonha ou orgulho de "ter um filho gay". Assim, sua formulação exclui a possiblidade de que a sexualidade não seja motivo nem de uma nem de outro.[15] Finalmente, identificamos não somente uma admissão, mas uma ostentação de seu preconceito, justificado por sua equivalência semântica com o compromisso de proteção à família.

Poucos dias antes dessa entrevista à revista Época, Bolsonaro havia participado do quadro "O povo quer saber" do programa de entretenimento cqc exibido pela TV *Bandeirantes*, tal como fizera várias vezes nesse mesmo e em outros

---

15. Um dos traços do "fascismo eterno" seria o seguinte: "Como tanto a guerra permanente quanto o heroísmo são jogos difíceis de jogar, o Ur-Fascista transfere sua vontade de poder para questões sexuais. Esta é a origem de seu machismo (que implica desdém pelas mulheres e uma condenação intolerante de hábitos sexuais não conformistas, da castidade à homossexualidade. Como o sexo é também um jogo difícil de jogar, o herói Ur-Fascista joga com as armas, que são seu Ersatz fálico: seus jogos de guerra se devem a uma *invidia penis permanente*". (Eco, 2018, p. 54–55).

programas humorísticos e de distração popularesca de rádio e televisão. Sua interlocução com a cantora Preta Gil na segunda-feira, dia 28 de março de 2011, lhe proporcionou uma enorme visibilidade midiática. No momento em que a cantora lhe perguntou qual seria sua reação, caso um de seus filhos começasse a se relacionar com uma mulher negra, Bolsonaro lhe respondeu assim: "Preta, não vou discutir promiscuidade com quem quer que seja. Eu não corro esse risco porque meus filhos foram muito bem educados e não viveram em ambiente como lamentavelmente é o teu".[16] O episódio lhe renderia ainda muito mais projeção, tendo em vista a grande repercussão na imprensa e nas redes sociais de seus desdobramentos jurídicos. Isso porque, conforme ocorrera em tantos outros casos, a postura agressiva nos embates, as declarações polêmicas, os insultos e os discursos discriminatórios, tais como os racistas, homofóbicos e anti-humanitários, foram alvo de representações e processos no Conselho de Ética da Câmara, em que se apresentaram acusações de quebra do decoro parlamentar e pedidos de cassação do mandato, e ainda em outras instâncias judiciais.

Nada disso conteve o deputado falastrão. Pelo contrário, Bolsonaro investiu cada vez mais nessa sua persona. Havia um lastro histórico e um bônus eleitoral que lhe faziam seguir nessa direção. Desde sua não punição exemplar ao desrespeitar o alto comando do Exército e ao empreender seu plano de explodir bombas em instalações militares para forçar um aumento de salário até suas absolvições ou condenações sem maiores consequências em vários outros processos,

---

16. "Preta Gil quer processar deputado por comentário racista", *Folha de S. Paulo*, Ilustrada, 29 de março de 2011.

o capitão e depois o vereador e o deputado se viram livres para continuar em seus ímpetos extremistas. Mais do que a liberdade para fazê-lo, Bolsonaro conseguira com eles dividendos econômicos e políticos. Foi para a reserva com a garantia do recebimento vitalício de seu soldo como capitão, elevou-se à condição de porta-voz dos militares e foi eleito vereador na cidade do Rio de Janeiro e, em seguida, deputado federal. A polêmica, a agressividade e a grosseria tornaram-se cálculo eleitoral e marketing político.[17]

Antes de alcançar a celebridade política, Bolsonaro já empregava uma linguagem eivada de traços fascistas. Contando com os efeitos positivos que causaria ao menos junto a um considerável contingente que girava em torno de 15% da população brasileira,[18] quando já estava em seu terceiro mandato, o então deputado federal pelo Partido Progressista Brasileiro aproveitava-se de qualquer oportunidade em que pudesse alastrar seus radicalismos e construir a imagem de um homem autêntico, que falaria o que pensa e que o faria sem papas na língua, de maneira crua e vulgar. É o que ocorreu na entrevista que Bolsonaro concedeu ao programa "Câmara Aberta" da TV *Bandeirantes*, no dia 23 de maio de 1999. Eis abaixo somente três pequenos trechos dessa entrevista:

---

17. Denunciados como tais desde o início da ascensão de Bolsonaro, quando já começara a deixar as sombras do baixo clero do Congresso Nacional: Nogueira, Marco Aurélio; Paulino, Mauro. "Efeito Bolsonaro: discurso polêmico esconde cálculo eleitoral e marketing político". Tv *Folha*, *Youtube*, 05 de abril de 2011.

18. Em pesquisas realizadas pelo *DataFolha* nos anos de 2006 e 2010, os dados indicam que 16% dos entrevistados na primeira e 14% na segunda identificam-se como alguém que se posiciona na extrema-direita do espectro político. "Brasileiros se colocam mais à direita", *DataFolha*, 31 de maio de 2010.

ENTREVISTADOR: **Você não acha que a CPI tem esse papel? e às vezes até confunde o papel da CPI, quando vai alguém depor no Congresso Nacional?**

BOLSONARO: É o seguinte xará: tapa na mesa, querer ir pra porrada, não é o caso. Dá porrada no Chico Lopes... Eu até sou favorável que na CPI no caso do Chico Lopes que tivesse pau de arara lá. Ele merecia isso, pau de arara. Funciona. Eu sou favorável à tortura, tu sabe disso. E o povo é favorável a isso também.

Se você fosse hoje o presidente da República, você fecharia o Congresso Nacional?

Não há a menor dúvida. Daria um golpe no mesmo dia, no mesmo dia. Não funciona. E tenho certeza que pelo menos 90% da população ia fazer festa e bater palma. Porque não funciona. Pra quê? O Congresso hoje em dia não serve pra nada, xará. Só vota o que o presidente quer. Se ele é a pessoa que decide, que manda, que tripudia em cima do Congresso, que dê logo o golpe, pô! Parte logo pra ditadura. Agora, não vai falar em ditadura militar aqui. Só desapareceram 282, a maioria marginais, assaltantes de bancos, sequestradores.

O senhor tem esperança, o senhor tem futuro? O senhor imagina, o senhor vê o Brasil num lugar melhor? O senhor acredita neste país? De que maneira o senhor enxerga o Brasil de todos nós?

Só com crise, né? Não é com crise que cresce, essa palhaçada que a gente vê na imprensa por aí, que é propaganda paga do governo, o dinheiro de você contribuinte. Só com uma crise seríssima. Me desculpa, né, mas através do voto, você não vai mudar nada nesse país. Nada! Absolutamente nada! Só vai mudar, infelizmente, no dia em que nós partirmos para uma guerra civil aqui dentro. E fazendo o trabalho que o regime militar não fez, matando uns 30 mil. Começando com o FHC. Não vamos deixar ele pra fora, não. Matando. Se vai morrer alguns inocentes, tudo bem. Em tudo e quanto é guerra, morre inocente. Eu até fico feliz, se eu morrer, mas desde que vá outros 30 mil, outros junto comigo, né?[19]

No plano de seu conteúdo, tudo é bastante explícito. Bolsonaro é partidário e mesmo entusiasta da violência física e da morte de adversários, ao mesmo tempo em que nutre um enorme desprezo pela vida humana. Desrespeita e afronta as instituições do regime democrático e mostra-se aficcionado pela ditadura militar. Além disso, sua fala produz o efeito de incitação a uma guerra civil e apresenta a condenação à morte de 30 mil pessoas como condição necessária para uma mudança no país. Finalmente, destaca-se em mais de uma passagem a construção de sua qualidade de intérprete privilegiado e porta-voz do povo: "E o povo é favorável a isso também"; "pelo menos 90% da população ia fazer festa e bater palma". Ocupando essa posição de representante do povo, Bolsonaro busca instaurar um sentimento de identidade e de pertença a um grupo, com base na reprodução de clichês que circulam no senso-comum: o povo é favorável à tortura, porque bandido deve ser punido, pra tomar vergonha na cara; o povo é favorável ao fechamento do Congresso, porque sabe que político é tudo corrupto.

Os efeitos de pertença ao grupo e de sua consolidação tornam-se bem mais presentes, à medida que o plano do conteúdo é estendido e reforçado pelo da expressão. A direção do olhar de Bolsonaro que oscila fluentemente entre o entrevistador e a objetiva da câmera, como se se dirigisse não apenas ao interlocutor direto, mas também ao telespectador, o

---

19. Bolsonaro, Jair. Entrevista concedida ao programa "Câmara Aberta" da TV Bandeirantes no dia 23 de maio de 1999. "Jair Bolsonaro Defendendo Guerra Civil, Fim do Voto e Fechamento de Congresso", *Youtube*, 10 de abril de 2016.

balanço relativamente constante de sua cabeça e a aparente naturalidade dos gestos de seus braços e de suas mãos dão a impressão de que o deputado está numa conversa cotidiana, que lhe permite falar francamente de temas dos quais fugiria a maioria de seus colegas congressistas. Já seus meios de expressão verbal são fundamentais para a constituição do que se apresenta como uma fala espontânea, sincera e autêntica. Para produzir esses efeitos, Bolsonaro emprega uma linguagem simples, clara, direta e figurada. Uma ocorrência típica dessa linguagem é a seguinte: "E tenho certeza que pelo menos 90% da população ia fazer festa e bater palma". Isso porque, no lugar dessa formulação, o deputado poderia ter dito "E estou certo de que pelo menos 90% da população apoiaria a medida com entusiasmo". Certos elementos prosódicos de sua fala contribuem para tornar seu modo de dizer ainda mais autêntico e verdadeiro. A efetiva pronúncia dessa mesma frase dita por Bolsonaro se aproxima desta transcrição: "I tenhu certeza qui pelo menus 90% da população ia fazê festa i batê palma". Em sua fala, há tanto certa distensão e espontaneidade, como se Bolsonaro experimentasse a tranquilidade de quem sabe que diz a verdade, quanto a tensão e a virulência, como se sentisse a revolta de quem sabe que a política é um antro de maldades. A despeito de sua pertença ao campo há décadas, Bolsonaro não se identifica com ele, o denuncia e prega a morte de boa parte de seus integrantes, sobretudo, de seus oponentes políticos.

O enredo de desrespeitos, ataques e mentiras sem a devida punição[20] se repete e estimula Bolsonaro a conservar

---

20. Com base nas declarações de Bolsonaro na entrevista concedida ao "Câmara Aberta", tanto Antônio Carlos Magalhães, então presidente do Senado,

suas crenças e seus modos de proceder e a aprofundar e aperfeiçoar suas estratégias políticas e eleitorais. Em outras tantas ocasiões, o deputado boquirroto agiu do mesmo modo e, assim, continuava a assistir ao incessante aumento de sua popularidade. Aproximadamente um ano e meio depois de ter sido um dos protagonistas da suspensão da distribuição de material anti-homofobia no início de 2011, Bolsonaro voltaria à cena política e midiática como um dos principais atores em uma audiência na Comissão de Direitos Humanos no Congresso, realizada no dia 28 de junho de 2012. A pretexto de efetuar mais uma de suas defesas da família, manifestava-se ali novamente sua obsessão com a sexualidade alheia. Vejamos uma passagem particularmente eloquente de sua grosseira perseguição à homossexualidade:

Presidente, o comandante Jean Willys abandonou a tropa de homossexuais. E a tropa de homossexuais está batendo agora em retirada. São heterofóbicos. Quando veem um macho na frente, eles ficam doidos. O que tá em jogo neste país aqui é a esculhambação da família. É isso que tá em jogo. E são tão covardes, que atacam lá nas criancinhas, a partir de 3, 4 e 5 anos de idade. E o que eu falo aqui tá previsto em plano de governo. Num é palavra minha, não. Fizeram aqui ó, no dia 15 de maio, o IX Seminário LGBT infantil. Canalhas! Canalhas! Emboscando crianças nas escolas. Canalhas, mil vezes! Homossexualismo? Direitos? Vai queimar tua rosquinha onde tu bem entender, porra! Eu não tenho nada a ver com

---

quanto o próprio Fernando Henrique Cardoso, então presidente da República, nada mais fizeram do que manifestar seu repúdio às falas do deputado do PPB. Este texto do Senado deixava claro que o alto escalão da política brasileira não desconhecia o conteúdo das afirmações de Bolsonaro: "Câmara estuda processo contra Bolsonaro. Deputado defendeu na TV fechamento do Congresso e disse que FHC deveria ter sido fuzilado pelos militares".

isso. Não queiram estimular crianças, filhos de vocês aqui, humildes, que ganham um salário mínimo, tão recebendo uma carga de material homoafetivo na escola.

Com vistas a não legitimar a fala de Bolsonaro com sua presença, o deputado Jean Willys, do Partido Socialismo e Liberdade, conhecido militante das causas LGBTQs, decide sair da sala em que ocorria a audiência. Incomodado com a evasão de seu adversário político, Bolsonaro o provoca, assim como importuna todos os demais adeptos das pautas anti-homofobia, debochando do próprio deputado e dos homossexuais, de modo geral. Ele ironiza a saída de Willys por meio de uma alegoria pela qual trata a homossexualidade e os homossexuais com termos do campo semântico militar. Sua tentativa consiste em estabelecer o que lhe parece ser o contraste entre a virilidade do universo das armas e a debilidade do campo homossexual. Segundo Bolsonaro, aos homossexuais, em geral, e ao deputado Jean Willys, em particular, faltaria coragem para enfrentar uma batalha e, por isso, eles seriam menos homens que os heterossexuais. Nesse extremismo da ótica conservadora, os homossexuais são seres humanos reduzidos à sua sexualidade. Eles desprezariam os heterossexuais, porque seriam "heterofóbicos". Porque completamente controlados e descontrolados por seus instintos sexuais e por sua covardia, "quando veem um macho na frente, eles ficam doidos".

Os usos da linguagem e a construção de uma narrativa novamente desempenham função primordial no ataque de Bolsonaro. Nada mais claro do que os termos empregados para designar e classificar os homossexuais: "doidos", "covardes" e "canalhas". Este último não só é repetido, mas é também pronunciado aos gritos. Opção prosódica não muito distinta de outras passagens de sua intervenção nas quais o deputado do PPR vocifera, ao invés de falar. Também as ações atribuídas aos homossexuais os constroem como se fossem membros de uma categoria execrável: eles abandonam a tropa, ficam doidos ao verem um macho, esculhambam a família, atacam criancinhas e as emboscam nas escolas. Assim, Bolsonaro produz um contraste entre famílias indefesas e criancinhas, de um lado, e os devassos e perversos homossexuais, de outro.

Seus estouros e suas denúncias apresentam-se como uma corajosa defesa de desamparados. Além disso, o deputado abusa indiscriminadamente de notícias e informações falsas, envoltas por efeitos de verdade, produzidos por um gesto dêitico, pela menção a uma data precisa e pela referência mais ou menos verossimilhante a um seminário com edição e título precisos. Por fim, ao encaminhar-se para o arremate de sua fala, Bolsonaro simula uma modificação de seu interlocutor, aparentando dirigir-se diretamente aos homossexuais. É assim que o deputado contrafaz o que supõe ser um gesto franco e corajoso e é nesse exato momento que ele leva sua linguagem chula ao mais baixo nível da grosseria.[21] Ele o faz antes de produzir outra alteração de seu interlocutor, quando passa a falar com os "humildes" pais das crianças atacadas e emboscadas pelos gays.

Outros temas constantemente explorados por Bolsonaro e que lhe renderam projeção midiática e identificação com setores conservadores são o controle de natalidade das classes populares, a pena de morte, a diminuição da maioridade penal e o combate aos direitos humanos, de modo geral. No final de

---

21. Para saber mais sobre o constante comportamento homofóbico de Bolsonaro, ver: "Gays sempre na mira" in Saint-Clair, 2008, p. 81–102.

1989, ele acabara de se eleger deputado federal. Desde então um ou outro veículo da grande mídia brasileira já divulgava suas propostas relativas a esses temas. Bolsonaro nem sequer havia assumido sua vaga no Congresso e o jornal *O Globo* já lhe abria espaço para esta declaração de inspiração malthusiana e eco eugenista: "Um filho indesejado, abandonado ou criado em condições precárias pode se tornar um bandido no futuro. Por isso, acho que primeiro é preciso controlar a natalidade e, somente depois, implementar a pena de morte para alguns casos, como sequestros ou estupros seguidos de morte".[22] Praticamente vinte e cinco anos mais tarde, em uma entrevista concedida no dia 11 de fevereiro de 2014 a vários canais de rádio e televisão, Bolsonaro dera a seguinte declaração:

Olha, quando eu falo em pena de morte, é que uma minoria de marginais aterrorizam a maioria de pessoas decentes. Quando se fala em menor vagabundo, como esse que foi preso lá no poste no Rio de Janeiro, você tem que ter uma política para aprisionar esses cara, buscar reduzir a maioridade penal e não defender esses marginais, como se fossem excluídos da sociedade. Não são excluídos, são vagabundos, que devem ter um tratamento adequado. Então, buscar redução da maioridade penal, uma política pra planejamento familiar; buscar uma maneira de dizer à sociedade que eles foram enganados pelo estatuto do desarmamento. Só desarmou cidadão de bem; os marginais continuam armados, tá OK? Lutar por uma maneira de legítima defesa, não apenas pela legítima defesa da vida própria e de outros, mas legítima defesa de seu patrimônio e de outrem, pra dar uma resposta ao MST, que invade propriedade de quem trabalha, que leva o terror ao campo. Tem que mudar... A política de direitos humanos é só pra humanos direitos. E não pra vagabundos, marginais, que vivem às custas do governo.

---

22. Saint-Clair, 2008, p. 60.

A defesa pessoal da pena de morte se justifica diante do que se apresenta como um fato: o terror imposto por uma "minoria de marginais" a uma "maioria de pessoas de bem". Constitui-se aí uma argumentação em que se contrasta o mal e o bem extremos e a pequena e a grande parcela da população. Esse contraste é bastante chapado e se formula em uma linguagem absolutamente simplista. Em vez da simplificação "Não são excluídos, são vagabundos", o deputado ainda afinado com a mesma posição ideológica poderia ter dito algo como: "Embora por vezes esses jovens possam cair na criminalidade em decorrência de exclusões que sofrem, há muitos outros que são verdadeiros marginais, que cometem verdadeiras atrocidades". A reflexão ponderada, a nuance no pensamento e o estilo concessivo e modalizado de linguagem não são marcas de Bolsonaro. Já a menção a um caso brutal de abuso dos direitos humanos, no qual um adolescente negro fora espancado e amarrado nu junto a um poste por "justiceiros", sob a alegação de que seria o autor de pequenos furtos, ocorrido no dia 03 de fevereiro daquele ano, é o ensejo para a justificação da redução da maioridade penal e a refutação da posição antagonista, esta, sim, fundamentada em estudos científicos sobre a violência urbana, que aponta causas econômicas e sociais da exclusão adolescente e juvenil e seu posterior aliciamento por grupos violentos.

Onde o fundamento científico afirma a existência da exclusão, Bolsonaro, adeptos da extrema-direita e neofascistas militantes dizem não haver nada mais do que "vagabundagem", "sem-vergonhice" e "marginalidade". Sem articulação sólida e manifesta, o deputado passa dessa temática à do estatuto do desarmamento, valendo-se uma vez mais da estanque oposição entre "cidadão de bem" e "marginais". Novamente, com uma débil coesão entre as coisas ditas, Bolsonaro passa a falar de "legítima defesa da vida", de "legítima defesa do patrimônio" e de uma "resposta ao MST". Este último, assim como outros adversários situados no campo da esquerda, é demonizado com duas acusações tão cristalizadas como improcedentes: o movimento "invade propriedade de quem trabalha" e "leva o terror ao campo". Em meio a tudo isso, ainda há espaço para dourar a pílula, ao chamar de "política pra planejamento familiar" sua desejada ação biopolítica de controle da geração da vida das populações precarizadas.

Após ter arrolado um caótico conjunto de horrores, Bolsonaro se encaminha para o final de sua declaração com mais uma simplificação expressa, como todo o resto, cheia de fel, indignação e truculência. O início de sua peroração constitui-se de uma formulação tão vaga quanto oportunista. Assemelhando-se ao clichê "Tem que mudar tudo isso que tá aí, tá Ok?!", inclusive explorado por humoristas, tamanhas eram sua repetição e sua imprecisão, a expressão "Tem que mudar..." beneficia-se do ambiente de insatisfação da opinião pública para com o campo político, de modo geral, e de sua intensificação em larga medida produzida por veículos da grande mídia, setores conservadores da sociedade civil e adversários políticos do governo do Partido dos Trabalhadores. Em suma, o expediente reside em forjar um caos para que se deva impor a ordem: quanto mais se fomentam os medos e os riscos que assolam o presente e o futuro, tal como as ameaças reais e imaginárias sentidas e projetadas pelas classes médias em relação aos empobrecidos e marginalizados, mais facilmente se introjetam as necessidades de disciplina, de segurança e de polícia.

É nesse ambiente que essa formulação produz seus efeitos. É também nele que se fixam as fórmulas "Direitos humanos só para humanos direitos" e "Vagabundos e marginais que vivem às custas do governo" com as quais Bolsonaro encerra sua intervenção. Seu taxativo modo de dizê-las e a condição quase proverbial do que é dito, formada pelo jogo e pela inversão das palavras no primeiro caso e pelo consenso popularesco no segundo, concorrem para recobrir o final de sua fala com uma espécie de aura de sabedoria e franqueza. Para a eficácia dessas fórmulas, além do consenso grosseiro, conta ainda e fundamentalmente o encantamento com a linguagem, uma espécie de amor praticamente universal, ainda que evidentemente constituído distintamente em contextos históricos, sociais e culturais diversos, às eufonias e aos jogos de palavras. O bordão "Bandido bom é bandido morto" também tantas vezes dito e repetido por Bolsonaro e bolsonaristas é prova disso.

Já o dissemos, mas é preciso reiterá-lo, sua perseguição aos direitos humanos e seus preconceitos contra a comunidade LGBTQ sem sanção legal e divulgados amplamente pela mídia fizeram com que um deputado quase anônimo se tornasse uma celebridade do universo político, mas também do mundo *pop*. Além dos gays, lésbicas e trans, dos negros e indígenas e dos miseráveis e excluídos, Bolsonaro também discrimina e ofende as mulheres. Em que pesem suas inúmeras demonstrações de misoginia, vamos aqui abordar somente o emblemático embate entre Bolsonaro e a deputada federal pelo PT do Rio Grande do Sul, Maria do Rosário. Dois episódios foram particularmente marcantes nesse embate. Dez dias antes do primeiro confronto entre eles, ocorrera um bárbaro crime, envolvendo um menor de idade. No dia 01 de novembro de 2003, o adolescente Roberto Alves Cardoso, conhecido como Champinha, participara com outros quatro maiores de idade do roubo, sequestro e morte de um jovem casal de namorados. A repercussão do caso na imprensa foi muito intensa. Bolsonaro não perderia a oportunidade para se apresentar como defensor da pena de morte e da redução da maioridade penal.

Maria do Rosário, era então, além de deputada federal pelo PT/RS, a relatora da CPI da Exploração Infantil, e Bolsonaro era deputado federal pelo PPB/RJ. No dia 11 de novembro, eles concediam entrevista a uma equipe de reportagem da *Rede TV* no Salão Verde da Câmara Federal, sobre a redução ou não da maioridade penal, repercutindo ainda o trágico assassinato do juvenil casal. Bolsonaro estava defendendo a redução da maioridade penal ao microfone da emissora, no momento em que Maria do Rosário o interrompeu, dizendo o seguinte: "O senhor é que promove essas violências...". Indignado por ter sido interrompido, Bolsonaro rebateu com violência, mas também com esperteza, formulando um enunciado que sugeria que Maria do Rosário o teria acusado de promover estupros: "Eu que promovo estupros?". Em vez de questionar a formulação de Bolsonaro, refutando a implicação semântica produzida pelo deputado, Maria do Rosário foi envolvida na artimanha argumentativa que ele construíra: "É, o senhor promove, sim..." A discussão se estenderia até o ápice da misoginia de Bolsonaro em torno do qual a repercussão social e midiática se fixou:

– Grava aí, grava aí que eu promovo estupro. Grava aí...
– É, o senhor, eu estou vendo isso, sim...
– Grava aí, grava aí, eu sou estuprador...
– Quem defende a violência é o senhor...

— Eu sou estuprador agora...
— É, sim...
— Olha, jamais eu ia estuprar você porque você não merece!

Em sua quarta frase, a deputada parecia tentar se desvencilhar da armadilha retórica em que Bolsonaro queria pegá-la. Mas, ela não resistiu à nova investida do deputado. Bolsonaro tomou a resposta afirmativa à questão que lançara como ensejo para formular a oração absolutamente chocante e seu pressuposto não menos abominável: Maria do Rosário não seria estuprada por ele porque não mereceria sê-lo. Haveria, portanto, pessoas que mereceriam ser estupradas e vítimas de estupro que o foram por tê-lo merecido. O descontrole de ambos se instala, ainda que desigualmente entre eles. Maria do Rosário reage ao ignóbil ultraje de Bolsonaro, dizendo-lhe o seguinte: "Olha, eu espero que não... Porque senão, eu lhe dou uma bofetada". Eles já haviam se aproximado o bastante um do outro para que o deputado revidasse com gestos e palavras violentos, "Dá que eu te dou outra, dá que eu te dou outra...", tocando e empurrando a deputada com a mão esquerda, enquanto levantava a direita com dedo indicador em riste, sob a forma de uma ameaça e de uma iminente agressão física. Bolsonaro ainda repetiria quatro vezes a frase "Dá que eu te dou outra", sempre com tons e gestos ameaçadores e agressivos. Maria do Rosário reagiu, expressando seu assombro: "O senhor tá me empurrando?" e "Mas o que é isso?!", ambos enunciados repetidos duas vezes, antes de chamá-lo de "desequilibrado". Foi o suficiente para que o deputado passasse a insultá-la: "Você me chamou de estuprador. Você é uma imoral, tá? Vagabunda!"[23] Ele ainda repetiria aos gritos o xingamento "Vagabunda!" mais uma vez.

---

23. Saint-Clair, 2008, p. 105–106.

Conforme acontecera já tanto em sua carreira militar quanto na política, os abusos e a agressividade de Bolsonaro foram registrados, denunciados e perdoados. Já no dia 12 de novembro, o líder do PT no Congresso, deputado Nelson Pellegrino, protocolou um pedido de abertura de processo disciplinar contra Bolsonaro. Novamente, o deputado do PPB sairia ileso. A impunidade certamente contribui para que algo semelhante ocorresse onze anos mais tarde. Não se tratava mais de algo que aconteceria nos bastidores da Câmara, mas em uma sessão deliberativa do Senado. No dia 09 de dezembro de 2014, o deputado Amauri Teixeira, do PT da Bahia, presidia a mesa e Maria do Rosário lhe pediu a palavra. Em sua intervenção, ela fez uma defesa da Comissão Nacional da Verdade. Bolsonaro também havia solicitado espaço para uma sua intervenção, mas, antes de cedê-la, o presidente da sessão apoiou a posição de Maria do Rosário:

Quero me somar à fala da senhora. Realmente, o Brasil e a América Latina têm que ser passados a limpo. Crimes clandestinos cometidos pela ditadura são revelados, atualmente, como a Operação Condor, documentos que provam a articulação internacional para assassinar lideranças de esquerda pelas ditaduras.

Deputado Jair Bolsonaro, o senhor tem três minutos prorrogáveis...[24]

No início da réplica de Bolsonaro, quando estava advertindo o deputado Amauri Teixeira, dizendo "Um presidente não pode falar isso...", ele percebeu que Maria do Rosário estava deixando o recinto. Com o lastro de absolvições que já carregava consigo e agora com a condição de um dos deputa-

---

24. Saint-Clair, 2008, p. 108.

dos federais mais bem votados do Brasil nas eleições de outubro daquele mesmo ano,[25] Bolsonaro voltou à carga com tudo:

Não saia não, Maria do Rosário! Não saia, não. Fica aí! Fica aí, Maria do Rosário! Fica! Há poucos dias, tu me chamou de estuprador, no Salão Verde. E eu falei que não estuprava você, porque você não merece. Fica aqui pra ouvir. (...) Maria do Rosário saiu daqui agora correndo. (...)

Maria do Rosário, por que não falou sobre sequestro, tortura e execução do prefeito Celso Daniel, do PT? Nunca ninguém falou nada sobre isso aqui... tão preocupados com os direitos humanos. Vai catar coquinhos! Mentirosa deslavada e covarde! Eu ouvi ela falando aqui as asneiras dela. E fiquei aqui. Fala do teu governo. O governo mais corrupto da história do Brasil! (...)

O Brasil tá quebrado! Vamos partir pra onde? Pra cubanização, como uma forma de salvar o país? Volta de CPMF, nova alíquota de Imposto de Renda, taxação das grandes fortunas, um governo canalha, corrupto e imoral! Ditatorial! Queria também aqui mencionar as questões voltadas para as eleições da Unasul. Descobriu que a urna eletrônica é a garantia de se perpetuar no poder. Governo covarde! Comunista! Imoral! Ladrão![26]

Antes de mais nada, é preciso ressaltar que Maria do Rosário não havia se dirigido a Bolsonaro em sua intervenção. Mesmo assim, ele se endereça direta e incisivamente a ela, empregando os pronomes de tratamento "tu" e "você", em vez de usar os protocolares "Senhora" ou "Vossa excelência",

---

25. Bolsonaro se elegera com 464.572 votos pelo PP/RJ. Foi o deputado federal com mais votos no Rio de Janeiro, e o terceiro em todo o Brasil, ficando atrás somente de Celso Russomano e de Tiririca, eleitos pelo Estado de São Paulo.
26. O pronunciamento editado de Bolsonaro está disponível no *Youtube*, "Dep. Jair Bolsonaro (PP) rebate a Dep. Maria do Rosário sobre discurso dos Direitos Humanos", 9 de dezembro de 2014.

a interpela e tenta lhe dar ordens. O deputado vale-se ainda de um expediente retórico para buscar escamotear a repetição da gravíssima ofensa que já fizera a Maria do Rosário onze anos antes. Bolsonaro retoma o episódio anterior como se o estivesse mencionando e não reiterando a terrível injúria, de modo que essa suposta menção lhe desse ensejo para repetir que não a estupraria porque ela não mereceria. De fato, a ação de estuprar é formulada em um relativo distanciamento produzido pelo imperfeito, mas o demérito imputado à deputada está bastante próximo e continuaria atual, ao ser formulado no presente do indicativo. Além disso, Bolsonaro a acusa de covardia e de dissimulação, sem poupar nenhum dos presentes e menos ainda a própria deputada de suas grosserias. O "Cavalão" ainda a insulta de modo agressivo e desprezível tanto pelo que ela seria, ao afirmar que ela é "Mentirosa deslavada e covarde!", quanto por suas ações, ao dizer que ela havia falado "as asneiras dela". Enfim, o deputado do PP descompromete-se com a verdade factual, produz hipérboles e arroubos simplistas, "O governo mais corrupto da história do Brasil!", "O Brasil tá quebrado!", e finaliza seu pronunciamento vociferando as alucinações neofascistas do alegado comunismo no Brasil, usado como aval para alçar os adversários políticos a inimigos do país e as pessoas de bem para combatê-los e persegui-los, inclusive, fisicamente.[27]

Nos dias seguintes, a intervenção agressiva de Bolsonaro seria mais uma vez premiada com a vitrine midiática. Já no dia 10 de dezembro, ele foi entrevistado longamente pelo jornal *Zero Hora* e, dois dias depois, publicou um texto de

---

27. Esse e outros procedimentos discursivos foram descritos por Fiorin, José Luiz. Operações enunciativas do discurso da extrema-direita. *Discurso & Sociedad*, vol. 13(3), 2019, p. 370–382.

opinião em espaço privilegiado do jornal *Folha de S. Paulo*.[28] O Ministério Público Federal abriu uma ação judicial contra Bolsonaro e a própria Maria do Rosário acionou o deputado no Tribunal de Justiça do Distrito Federal e no Supremo Tribunal Federal. Bolsonaro não sairia ileso dessas ações, mas recorreria em várias instâncias, arrastaria os processos e, o mais importante, as leves sanções não o impediriam de registrar oficialmente sua candidatura à presidência da República em 2018. Uma das principais vozes a declarar e repetir que "Bandido bom é bandido morto" descobrira precoce e reiteradamente que os crimes de calúnia e injúria compensam.

Menos de um ano mais tarde, o deputado federal Eduardo Cunha, então presidente da Câmara, aceitava dar encaminhamento à denúncia de crime de responsabilidade contra a presidenta Dilma Rousseff. O relatório da comissão especial que avaliou a denúncia foi favorável ao seguimento do trâmite do processo de impeachment. No dia 17 de abril de 2016, o plenário do Congresso votava favorável ou contrariamente à posição do relatório, ou seja, ao afastamento ou à manutenção de Dilma na presidência da República. A sequência dos votos foi ao mesmo tempo tediosa, repugnante e comicamente trágica e compreendeu votos em nome de Deus e da família, em nome dos eleitores do Estado do parlamentar e do futuro dos filhos. Havia certa expectativa de que Bolsonaro suspendesse o tédio com seu voto. Infelizmente, ele não a decepcionou.

---

28. "Bolsonaro diz que não teme processos e faz nova ofensa: 'Não merece ser estuprada porque é muito feia'", GZH, 10 de dezembro de 2014; e "Jair Bolsonaro: O grito dos canalhas", *Folha de S. Paulo*, 18 de dezembro de 2014.

Conjuntamente com o que havia de anedótico e detestável naquela sequência de votos, a abjeta intervenção de Bolsonaro tornou-se uma espécie de emblema do golpe jurídico e parlamentar sofrido por Dilma. Mais do que quebrar aquele encadeamento modorrento, ele iria provocar choque e indignação entre os democratas e identificação e entusiasmo entre os partidários da extrema-direita violenta. É verdade que outrora, ainda praticamente anônimo no cenário nacional, quando o Brasil dava sinais de começar a consolidar sua democracia, ele falava abertamente que gostaria de fechar o Congresso e de participar de uma guerra civil que mataria "30 mil", mesmo que morressem inocentes. Mas agora, em um contexto de contestação de instituições democráticas e com uma inédita relevância política, seu voto era esperado com certa ansiedade, estava investido de importância e iria nos estarrecer:

Nesse dia de glória para o povo brasileiro, tem um nome que entrará para a história nessa data, pela forma como conduziu os trabalhos nessa Casa. Parabéns, presidente Eduardo Cunha! Perderam em 1964. Perderam agora em 2016. Pela família e pela inocência das crianças em sala de aula, que o PT nunca teve. Contra o comunismo. Pela nossa liberdade. Contra o Foro de São Paulo. Pela memória do coronel Carlos Alberto Brilhante Ustra, o pavor de Dilma Rousseff. Pelo Exército de Caxias, pelas nossas Forças Armadas. Por um Brasil acima de tudo e por Deus acima de todos, o meu voto é sim!

O voto de cada deputado poderia se limitar a dizer "sim" ou "não". Bolsonaro usou 103 palavras em seu voto. Em um misto de cinismo e bajulação, ele começa sua intervenção com um sorriso estampado no rosto e com um gesto que aponta para a mesa da presidência da Câmara, onde está Eduardo Cunha. O abalo na democracia é chamado de glória e as elites conservadoras e seus adeptos populares, de "o povo brasileiro". Bolsonaro reiteradamente confere o que vai dizer em uma anotação que está em sua mão esquerda. Não é, pois, um voto espontâneo. Cada uma de suas frases é pronunciada com uma cadência relativamente lenta, e elas são sucedidas de pausas mais ou menos longas que lhes dão ainda mais destaque. Ao cinismo, à bajulação e à encenação se somam o revanchismo e as alucinações políticas. Tudo se passa como se a família e a inocência das crianças tivessem sido ameaçadas pelo PT, como se houvesse algum comunismo no Brasil, algum risco à liberdade e o famigerado Foro de São Paulo.

A tudo isso se junta um puro exemplar do sadismo, sob a forma de uma conexão histórica entre o passado, o presente e o futuro: a vitória do horror em 1964, a que se começava a se consumar naquele 17 de abril de 2016 e a que poderia vir na esteira dessas duas. O sadismo de Bolsonaro é ainda mais estarrecedor, porque ele concentra o terrível contraste entre o sorriso com que inicia seu voto e a alegria revanchista com que fala dessas vitórias, de um lado, e as dilacerantes dores físicas e os irreversíveis traumas psíquicos sofridos por quem passou por sessões de tortura. Ao dedicar seu voto à memória de um dos maiores torturados da ditadura brasileira entre 1964 e 1985, Bolsonaro pronuncia seu nome quase aos gritos e sílaba por sílaba, como se a altura excessiva e a extensão duradoura de sua pronúncia revivessem, aumentassem e distendessem o prazer de quem faz sofrer e a dor e a angústia de quem sofre. Como se a dose de crueldade já não houvesse extrapolado limites democráticos e humanitários, Bolsonaro ainda lhe expande e precisa com um aposto que sucede o nome do torturador: "o pavor de Dilma Rousseff".[29]

As penas leves, as absolvições e projeção midiática permitiram que o deputado do PSC pudesse cometer essa atrocidade verbal e institucional em pleno Congresso Nacional. Como nos ensinou a interface entre a psicanálise e a história, de modo análogo ao que ocorre com os indivíduos, a experiência de traumas históricos e sociais, quando recalcada e não elaborada, produz o retorno de suas causas e sintomas. A opressão e os massacres perpetrados manifestamente contra negros e indígenas durante quatro séculos não foram elaborados com reparação histórica e se perpetuam até nossos dias por meios mais ou menos velados, mas sem dúvida muito conhecidos. Em outra escala, a ditadura em plena segunda metade do século XX matou, torturou e perseguiu adversários reais e imaginários, sem mais tarde sofrer sanções por tudo isso. A repetição histórica das impunidades e sua reiteração pessoal na trajetória de Bolsonaro lhe deram respaldo para proferir seu voto naqueles deploráveis e abjetos termos, fazendo "reviver a própria tortura, num exercício de sadismo de que pouca gente é capaz".[30]

---

[29]. "Brilhante Ustra não foi um patife qualquer. Teve papel de destaque no "trabalho" que, segundo o lamento de Bolsonaro, a ditadura não terminou. O DOI-Codi que Ustra comandou entre 1970 e 1974 foi chamado de "casa dos horrores" na sentença histórica, proferida em 2008, em que o juiz Gustavo Santini Teodoro condenou o coronel. Ustra foi o único oficial militar condenado civilmente pela Justiça brasileira pelo crime de tortura. Isso porque a Lei da Anistia, de 1979, serviu como escudo legal para impedir que os torturadores fossem levados penalmente ao banco dos réus." (Barros e Silva, F. Dentro do pesadelo. O governo Bolsonaro e a calamidade brasileira. In: revista Piauí, edição 164, maio de 2020, p. 29)

[30]. Barros e Silva, 2020, p. 29.

Além da aberta crueldade, a defesa dos militares está presente como de costume. Para defendê-la, sugere-se uma história gloriosa que seria a sua, evocando um nome do passado ao qual o próprio Exército elege como patrono e cobre de galardões, principalmente por seu maior sucesso bélico que foi o massacre que comandou na guerra contra o Paraguai. A homenagem às "nossas Forças Armadas" é coerentemente sucedida por um grito de guerra que já se desprendia da frase com que Bolsonaro finalizara o artigo publicado na *Veja* em 1986, em que podia ressoar o slogan nacionalista "Alemanha acima de tudo" retomado pelos nazistas e ao qual, agora, se acrescenta a expressão "Deus acima de todos", que comporá mais tarde a divisa nas eleições presidenciais. "Grito" aqui não é força de expressão, porque, de fato, o voto de Bolsonaro é uma vociferação. Depois da adulação a Eduardo Cunha, o mais célebre deputado do PSC passa a elevar de tal modo o volume de sua voz que o restante de seu pronunciamento se torna uma série de urros muito exaltados. A ideologia violenta de extrema-direita de que sua fala é veículo privilegiado materializa-se bastante bem na agressividade dos gritos de Bolsonaro.

Seria difícil de imaginar que o deputado sádico e falastrão abriria mão de toda essa violência verbal que passou a caracterizá-lo e que lhe tirou de um quase anonimato do baixo clero político para elevá-lo à categoria de um dos políticos mais conhecidos do Brasil e à de potencial candidato à presidência da República. Porém, foi isso que de certo modo ocorreu nas eleições de 2018.

O CANDIDATO LACÔNICO

Jair Bolsonaro não falou muito durante sua campanha eleitoral à presidência. Sua condição de candidato fez com que seu desempenho oratório se tornasse objeto de discussão em várias ocasiões. Nessas circunstâncias, não raras vezes, afirmou-se que o candidato pelo Partido Social Liberal (PSL) cometia "erros de comunicação" e que sua dicção era "sofrível". Nessas mesmas ou em ocasiões análogas, com certa frequência, também se disse que ele não fala muito bem em público e que não domina a norma culta do português.[31] Em contrapartida, já antes das eleições, seus partidários costumavam assegurar que ele fala as verdades que alguns não querem ouvir e que outros não têm coragem para dizer.[32] Também não são poucos os que diziam que Bolsonaro age, se comporta e fala de modo simples e popular, como se fosse um homem do povo.

Bolsonaro parece falar a mesma língua da população não intelectualizada, e sobre os mesmos assuntos. Como se ele incorporasse o ethos de padeiro, carteiro, atendente de farmácia, dona de casa, falando exatamente do que falam, com a linguagem que utilizam, enxergando a realidade que enxergam e preparando suas respostas a partir disso. Bolsonaro não veria o Brasil pelos óculos das abstrações intelectuais.

---

31. Ver, entre outros, os seguintes textos: Polito, Reinaldo. "Três erros de comunicação cometidos por Bolsonaro que você pode evitar", *Uol*, Economia, 23 de janeiro de 2019; Lago, Miguel. "Bolsonaro fala outra língua", revista *Piauí*, 13 de agosto de 2018.

32. "Bolsonaro falando a verdade, como sempre", de Marco Antônio Felício da Silva (General de Brigada), publicado em 16 de janeiro de 2015 no *Blog do Licio Maciel*.

Não estaria preocupado com o enquadramento das câmeras; se deveria estar em pé ou sentado na abertura do debate; se deveria, em nome do requinte e dos bons modos, abotoar a manga da camisa ou fazer menção a grupos humanitários internacionais; se deveria sorrir para a câmera e para os demais candidatos ou ficar sério. Ele simplesmente ligava o celular e começava a falar, assim como qualquer um de nós faz.[33]

A despeito de Bolsonaro ter falado relativamente pouco entre o dia 22 de julho, quando a convenção nacional do PSL o aclamou candidato do partido, e o dia 28 de outubro de 2018, quando ele foi eleito presidente da República, ainda assim, o conjunto de seus pronunciamentos e intervenções é bastante extenso para que fosse integralmente examinado nos limites deste nosso capítulo. Por essa razão, serão analisados aqui somente duas intervenções de Bolsonaro. A primeira delas foi realizada no último programa do Horário Gratuito de Propaganda Eleitoral (HGPE)[34] e a segunda consiste em uma fala dirigida a apoiadores que se encontravam na Avenida Paulista a alguns dias da consumação das eleições.

Mediante o exame dessa amostra de suas falas públicas eleitorais, veremos que a performance oratória de Bolsonaro foi marcada pela produção dos efeitos de franqueza e identificação de grupo, de veemência e antagonismo e ainda de ame-

---

33. A chancela concedida nesses termos à autenticidade e à simplicidade construídas por Bolsonaro e sua equipe foi formulada por Pedro Henrique Alves, colunista do site "Instituo Liberal", cujo presidente do Conselho Deliberativo é Rodrigo Constantino. Ela foi mencionada por Moura, Maurício; Corbellini, Juliano. *Eleição disruptiva*: por que Bolsonaro venceu. Rio de Janeiro/São Paulo: Record, 2019, p. 122-123.

34. Para uma análise de programas do HGPE de Bolsonaro, ver: Piovezani, Carlos. A retórica do mito: uma análise do desempenho oratório de Bolsonaro na propaganda eleitoral. Revista *Discurso & Sociedad*, vol. 13, n. 3, 2019, p. 383-410.

aça e incitação à violência. Essa série de efeitos fora produzida de modo mais ou menos constante por Bolsonaro desde quando era vereador na cidade do Rio de Janeiro, passando pelos vários mandatos como deputado federal, até seus últimos momentos como candidato nas eleições presidenciais. Nessa última situação, porém, ao menos, em suas falas públicas televisivas, ele aparenta ser menos agressivo, se comparado ao que já se estabelecera como seu próprio padrão oratório. Em que pesem suas semelhanças, os pronunciamentos da propaganda eleitoral transmitida pela tevê, endereçados portanto a partidários, mas também a eleitores ainda indecisos, são distintos do discurso dirigido aos adeptos apaixonados que se encontravam no centro de São Paulo a uma semana do pleito decisivo.

As participações de Bolsonaro em programas de tevê, sua presença constante em textos da imprensa e em *posts* e *memes* das redes sociais na internet e seus pronunciamentos na Câmara dos Deputados e nos que circularam, principalmente, via *WhatsApp*, *Facebook* e afins foram fundamentais para a construção de sua celebridade midiática. Foi desse modo que Bolsonaro passou a "mitar" cada vez mais no campo político e a se apresentar como o principal expoente da extrema-direita, de suas bandeiras e de seus modos de expressão. Assim, ele encarnou a conjunção de uma ética da moralidade pública e da salvaguarda dos comportamentos, de uma política da intransigência policial e de uma estética populista da fala franca e enérgica, simples e direta.

O ÚLTIMO PROGRAMA NO HGPE

Exceto aos domingos, entre os dias 12 e 26 de outubro de 2018, ocorreu a veiculação dos programas eleitorais no

HGPE no segundo turno daquelas eleições presidenciais. No dia 26 de outubro daquele ano, era, portanto, transmitido o último programa da propaganda eleitoral gratuita de Bolsonaro, assim como fora também o dia de exibição do último programa de seu adversário, Fernando Haddad, do Partido dos Trabalhadores (PT). Diferentemente do primeiro turno, desta vez, Bolsonaro não mais estava em desvantagem na distribuição do tempo concedido às diversas candidaturas e gozava dos benefícios de ter ficado na primeira colocação na disputa ocorrida naquela primeira etapa e de liderar as pesquisas com 16% à frente de Haddad. No segundo turno, a divisão do tempo foi refeita. Os programas eleitorais eram exibidos no HGPE em dois blocos diários: o primeiro a partir das 13h e o segundo, das 20h30. Cada um dos candidatos contava com 5 minutos em cada um desses blocos diários para a transmissão de seu programa.

A última propaganda eleitoral de Bolsonaro inicia-se com uma sequência relativamente longa, na qual se combinam a locução em voz *off* de um texto que, durante toda sua extensão, detrata exclusivamente o PT e seus integrantes, em particular, o ex-presidente Lula e Fernando Haddad. Esse plano verbal e sonoro é acompanhado, no plano visual, de uma série de imagens compostas de ícones de revistas, jornais e portais de notícias da mídia tradicional brasileira, tais como *Veja*, *Isto é*, *Uol notícias*, *O Globo*, entre outros, e de manchetes de suas reportagens que denunciam supostas irregularidades e escândalos do PT. Há nessa passagem a combinação de uma seleção lexical excessiva, que não se compromete com a verdade factual, e uma pronúncia destacada justamente nas palavras que produzem de modo mais evidente esse excesso: "O PT ficou 13 anos no poder e *que*brou o país. Deixaram milhões de desempregados, o maior índice de criminalidade da história e os maiores escândalos de corrupção do mundo".

Há um flagrante contraste entre essa passagem e a sequência que se inicia logo depois: "Começa agora o programa do presidente livre e independente. / Bolsonaro 17". A ambiência cromática rubro-negra esfumaçada, que sugeria algo diabólico, é substituída pelas formas e cores da bandeira brasileira, que ocupa toda a extensão da tela e, em seguida, pela imagem de manifestantes pró Bolsonaro, que também portam, muitos deles, bandeiras do Brasil em suas mãos. Entre tais manifestantes, que se encontram em um espaço que parece ser a Avenida Paulista, na cidade de São Paulo, se destaca, em primeiro plano, uma grande bandeira brasileira que tremula. No mesmo sentido desse contraste, segue a dimensão sonora desse trecho. O mesmo locutor emprega agora outros recursos vocais: o andamento de sua voz se acelera, seu volume aumenta ligeiramente e seu timbre recebe um aspecto entusiasmado, em detrimento da gravidade que o caracterizava até então. Também faz parte dessa paisagem sonora eufórica o canto entoado pelos partidários do candidato do PSL.

Em seguida, são exibidas, em um primeiro quadro, a inscrição central e em letras verdes, sob o fundo amarelo, que preenche toda tela, "O nosso partido é o Brasil", e, em um segundo, a imagem de Bolsonaro carregado por militantes, em sua passeata na cidade de Juiz de Fora (MG), antes de sofrer o conhecido atentado à faca. O plano sonoro é composto pelo mesmo canto entoado na passagem anterior. Já esta última imagem é sucedida pela legenda "PRESIDENTE BOLSONARO 17", em letras de grande dimensão, em caixa alta, nas cores verde, azul e amarelo, abaixo da qual, em letras menores, à direita, se vê, em azul, a seguinte inscrição: "vice General MOURÃO".

Com o mesmo entusiasmo vocal, o locutor diz: "Bolsonaro 17". Desse trecho, decorre o início do pronunciamento do candidato. Bolsonaro está sentado e não usa gravata. Ainda não consegue eliminar totalmente a impressão de que lê o que está dizendo em um *teleprompter*, mas já o faz de modo menos perceptível do que nos primeiros programas da propaganda eleitoral da TV. Vejamos o que foi dito por ele neste seu último pronunciamento veiculado no HGPE:

Há quatro anos, eu decidi disputar a Presidência da República.

Num primeiro momento, eu confesso, era difícil, até para mim, aquela situação. Como vencer um sistema? Como vencer uma máquina tão aferrada no terreno, como é essa máquina que existe em Brasília? Políticos poderosos. Sabia que não teria um grande ou médio partido ao meu lado, não teria tempo de televisão, não teria fundo partidário, não teria nada.

Mas, eu tinha algo dentro de mim: nós temos que fazer algo diferente.

Como cristão, eu adotei uma passagem bíblica, João (VIII, 32): "E conhecereis a verdade, e a verdade vos libertará". E mantive essa bandeira em pé. Comecei a andar por todo o Brasil. Começamos a detectar problemas. E como resolvê-los, sem dinheiro? Porque sabemos das dificuldades, depois das passagens desses últimos governos, que mergulharam o Brasil na mais profunda crise ética, moral e econômica.

Mas, a fé, a vontade e a persistência se fez presente. Eu digo que o milagre é eu estar vivo, depois daquele episódio em Juiz de Fora. Que eu considero Juiz de Fora a minha segunda cidade natal. Lá, eu nasci de novo. Salvaram a minha vida. Logicamente, a mão de Deus se fez presente.

Hoje, nós temos uma possibilidade concreta, real, de ganharmos as eleições no próximo domingo. O que precisamos para tal? É nos mantermos unidos. Combater as mentiras.

Meus irmãos, meus amigos, o momento é de união. Se essa for a vontade de Deus, eu estarei pronto para cumprir essa missão.

Ninguém faz nada sozinho.

Com uma equipe boa ao meu lado, com pessoas maravilhosas, que são vocês, nós temos como fazer um Brasil melhor para todos.

Estou aqui nessa missão, porque acredito em você, brasileiro. E você está aí nos assistindo, porque acredita no Brasil.

Faremos um governo para todos.

Meu muito obrigado mais uma vez. Brasil acima de tudo, Deus acima de todos.

O início dessa intervenção é marcado pelo efeito de amenidade. Para tanto, Bolsonaro vale-se de propriedades prosódicas típicas de uma fala relativamente distensa. Seu pronunciamento configura-se como um relato pessoal tranquilo, afável e espontâneo. A narrativa pessoal ganha contornos de confissão já no segundo enunciado do candidato: "Num primeiro momento, eu confesso, era difícil, até para mim, aquela situação". A afirmação, digamos, objetiva, da dificuldade de um estado de coisas, visto que o enunciado poderia ter sido "Num primeiro momento, era difícil aquela situação", é atravessada pelos traços subjetivos da confissão ("eu confesso") e da presença manifesta do próprio enunciador em seu enunciado ("até para mim"). Na declaração de Bolsonaro, esses dois adendos íntimos são pronunciados de modo a serem ressaltados.

Em princípio, a confissão poderia carregar a inconveniência de um erro cometido, mas traz também e sobretudo a vantagem de seus reconhecimento e admissão e o benefício do engajamento do interlocutor de conceder ao confessor um julgamento positivo, em face de sua corajosa atitude de contrição. Na declaração de Bolsonaro, não há nem mesmo aquela inconveniência. Ao contrário, o que ocorre é uma soma de valores agregados ao confessor, uma vez que ele se beneficia das virtudes da sabedoria e da prudência, próprias de quem enxerga as dificuldades de uma situação e reage judiciosamente à sua problemática condição. A tais virtudes se agregam ainda a da coragem de quem não foge ao seu enfrentamento e a da humildade de mostrar-se comedido em sua resolução.

Já a expressão "até para mim" produz uma surpreendente inclusão do candidato em um grupo do qual, em princípio, ele não faria parte. Contrapondo-se às virtudes da prudência e da humildade do "eu confesso", aqui se constitui uma imagem superestimada de si: o nível de dificuldade da situação é tamanho que, mesmo o sujeito em questão, uma pessoa dotada, em tese, de capacidades distintas, teria de admitir que encontraria percalços para resolver seus problemas. A superestimação não seria a única coisa ali superdimensionada, porque a passagem seguinte do pronunciamento indicaria as razões para que a situação fosse considerada como algo de enormes dificuldades. Noutros termos, Bolsonaro reencarna o "grande homem comum" da propaganda fascista, de que fala Adorno.[35]

Depois de um exórdio que busca captar a atenção e a benevolência do auditório, mediante o anúncio de uma decisão e a confissão do embaraço que decorria da dificuldade a ser enfrentada, Bolsonaro encadeia duas interrogações e uma afirmação, que funciona como uma extensão das primeiras: "Como vencer um sistema? Como vencer uma máquina tão aferrada no terreno, como é essa máquina que existe em Brasília? Políticos poderosos". Nesse início de suas proposições, ocorre um reforço da carga dramática, porque o que se diz e

---

35. Adorno, 2018.

a maneira de dizer se retroalimentam. A dificuldade consistiria em enfrentar algo que concilia organização sistêmica e funcionamento otimizado, enraizamento sólido e concentração de poder, dispondo de bem pouca coisa ou ainda menos do que isso: Bolsonaro "não teria nada". Não seria nem a primeira nem a última vez que ele se descomprometeria de dizer a verdade:

O candidato à Presidência da República pelo PSL, Jair Bolsonaro, foi o primeiro a bater R$ 1 milhão em doações de apoiadores para a campanha eleitoral. A marca foi ultrapassada (exatos R$ 1.000.182) na noite de domingo. Somente 59 dias após o início da arrecadação, iniciada no dia 5 de julho.

Empresas estão comprando pacotes de disparos em massa de mensagens contra o PT no *WhatsApp* e preparam uma grande operação na semana anterior ao segundo turno. A prática é ilegal, pois se trata de doação de campanha por empresas, vedada pela legislação eleitoral, e não declarada. A *Folha* apurou que cada contrato chega a R$ 12 milhões e, entre as empresas compradoras, está a Havan. Os contratos são para disparos de centenas de milhões de mensagens. As empresas apoiando o candidato Jair Bolsonaro (PSL) compraram um serviço chamado de 'disparo em massa', usando a base de usuários do próprio candidato ou bases vendidas por agências de estratégia digital.[36]

A versão da história contada por Bolsonaro a seu próprio respeito oculta dados factuais e o apresenta como uma espécie de mito ou, ao menos, como um sujeito investido de muito brio. Após anunciado o contexto profundamente adverso,

---

36. Respetivamente: Soares, Jussara. "Bolsonaro é o primeiro a ultrapassar R$ 1 milhão, em 'vaquinha' para campanha eleitoral". *O Globo*, 03 de setembro de 2018; e Campos Mello, Patrícia. "Empresários bancam campanha contra o PT pelo WhatsApp". *Folha de S. Paulo*, 18 de outubro de 2018.

ocorre uma sensível modificação introduzida pela conjunção "Mas". Ela é pronunciada com elevação no volume de voz e é seguida de uma pausa um pouco mais longa do que seria habitual. Conjuntamente com essa alteração fonética e com a oposição semântica promovida por essa conjunção, também se dá uma alteração no plano visual: o candidato, que até então era focalizado frontalmente em plano americano, passa a ser enfocado em um grande *close-up*, mediante o qual a câmera se concentra somente em seu rosto, e a projetar um olhar orientado para sua direita, sem encarar diretamente a objetiva.

O efeito é o de um depoimento sincero e espontâneo, ao qual o telespectador passa a assistir como uma testemunha privilegiada. Por seu intermédio, se revela "algo dentro de mim". Além dessa expressão, a fisionomia e o discurso direto simulam o diálogo interior que Bolsonaro teria tido consigo mesmo. Nada poderia ser mais franco e autêntico do que um diálogo dessa natureza: "nós temos que fazer algo diferente". O depoimento, particularmente, em seu diálogo interior, é, portanto, o anúncio de um dever, mas é também uma resolução. Bolsonaro diz, então, que é preciso "fazer", e não apenas dizer, "algo diferente". A consciência de um dever conduz à tomada de uma decisão, que já é uma declaração de ação iminente. Mas, o estado volitivo não é acompanhado de um afeto agressivo, pois o que diz e as formas de dizer de Bolsonaro produzem a imagem daquele que tem a serenidade de quem sabe o que deve ser feito e que o fará, apesar das dificuldades, uma vez que se encontra em boa companhia.

Em sua fala, Bolsonaro encadeia "nós temos que fazer algo diferente" e "Ninguém faz nada sozinho". Mas, além disso, reitera e reforça sua inclusão na comunidade dos cristãos. Não bastasse o ostensivo apoio de setores conservadores da igreja católica e de uma grande maioria das igrejas evangélicas à sua candidatura, em meio aos recentes avanços da teologia da prosperidade e do empreendedorismo popular evangélico e à conservação mais ou menos modificada do integralismo brasileiro e seu lema "Deus, pátria e família",[37] ele repete em seu pronunciamento as marcas dessa pertença: "Como cristão, eu adotei uma passagem bíblica, João (VIII, 32): 'E conhecereis a verdade, e a verdade vos libertará' ", "a fé", "o milagre", "a mão de Deus se fez presente", "meus irmãos", "a vontade de Deus", "cumprir essa missão" e "Deus acima de todos". Em meio a essas tantas referências religiosas, se reafirma o esquema: descoberta de problemas, ciência das dificuldades e resolução de enfrentar estas últimas e de solucionar os primeiros.

É a alusão ao enfrentamento de dificuldades políticas, com "fé", "vontade" e "persistência", que dá a deixa para uma passagem especialmente dramática do pronunciamento: "Eu digo que o milagre é eu estar vivo, depois daquele episódio em Juiz de Fora. Que eu considero Juiz de Fora a minha segunda cidade natal. Lá, eu nasci de novo". Ocorrem uma elevação no volume vocal desde o início da sequência e uma aceleração no andamento da fala, se comparados com os da passagem anterior, que se estendem até "vivo". Nessa passagem, a fonação se torna mais tensa. A partir daí, emerge uma nova conformação prosódica, uma vez que o trecho "depois daquele episódio em Juiz de Fora" é pronunciado de modo mais lento e com uma ligeira redução de volume da voz. Esses contornos

---

[37]. Sobre o integralismo brasileiro e suas relações com o fascismo italiano, ver: Bertonha, João Fábio. "Entre Mussolini e Plínio Salgado: o Fascismo italiano, o Integralismo e o problema dos descendentes de italianos no Brasil", *Revista Brasileira de História*, vol. 21, n. 40, 2001.

prosódicos, combinados com a escolha lexical de "episódio" e de seu determinante "daquele", concorrem para a produção de um efeito de certo distanciamento, tomado por um sujeito sereno, que, tendo Deus ao seu lado, não guarda rancor.

Ao se referir a "Juiz de Fora", Bolsonaro carrega na carga patética e tenta constituir uma relação de empatia e apelar à compaixão de seus interlocutores. Uma longa pausa, gestos de insistência, desta vez, com o dedo indicador em riste, expressão fisionômica emocionada e movimento de garganta de quem engole a saliva, na manifestação do que seria uma tentativa de, estando bastante comovido, conter o choro, reforçam o já considerável aditivo dramático dessa parte do pronunciamento na frase "Lá:::: eu nasci de novo". Já as duas frases seguintes são ditas em meio a outra alteração de enfoque: Bolsonaro deixa de ser focalizado frontalmente em plano americano e passa a ser enfocado em um grande *close-up*, fechado sobre seu rosto. É nesse enquadramento que o candidato diz: "Salvaram minha vida. Logicamente, a mão de Deus se fez presente". A convicção na intervenção divina parece estar reservada à troca da energia contida na pronúncia de "Salvaram minha vida" pela tranquilidade da articulação de "a mão de Deus se fez presente", e pela certeza construída pelo advérbio "Logicamente".

Na parte final do pronunciamento, é por meio de um intercâmbio entre a primeira e segunda pessoa do discurso que ali se processa um dos efeitos fundamentais da peroração: a comoção. De fato, o esquema argumentativo do encerramento da intervenção de Bolsonaro agora segue mais de perto o eixo *docere*, *delectare* e *movere*, ou seja, ensinar, emocionar e fazer agir. O primeiro componente desse esquema se concentra nestas quatro frases, que contêm cinco ocorrências da primeira pessoa do plural, a última delas, sob a forma de uma elipse: "Hoje, nós temos uma possibilidade concreta, real, de ganharmos as eleições no próximo domingo. O que precisamos para tal? É nos mantermos unidos. Combater as mentiras". O efeito de inclusão do interlocutor em uma comunidade se dá conjuntamente com a declaração de que essa comunidade de que faz parte tem chance efetiva de uma iminente vitória eleitoral. Sua realização exige, contudo, algo que o eleitor partidário, incluído na comunidade quase já vitoriosa, ainda não saberia por completo.

A questão, também ela formulada em primeira pessoa do plural, reitera o efeito comunitário, mas também reconfigura a identidade de seus membros, uma vez que o candidato que a formula e que conhece sua resposta não se confunde com os eleitores que a ouvem e que ainda não sabem da solução que será proposta logo em seguida. Essa resposta estabelece uma equivalência e um encadeamento discursivos entre manutenção da união e combate a mentiras. Com base em sua evidência, o candidato faz equivaler e encadeia a preservação da união e a luta contra as mentiras. Desse modo, como cabe à peroração de uma fala em público, o orador busca a boa disposição do ouvinte em seu favor e a disposição contrária a seu adversário. Para fazê-lo, se vale de uma fala enfática, dotada de movimentos articulatórios vigorosos e de acentos de insistência. Além disso, a última frase é pronunciada com a alteração no enfoque do candidato. Uma vez mais se repete o recurso do grande *close-up*, em que a câmera focaliza somente seu rosto. A aproximação da face tenta criar um efeito de proximidade entre os interlocutores e de franqueza de quem fala. O candidato se posiciona, portanto, no lugar de um sujeito que diz a verdade e que pode, por isso, mais bem impelir ao combate das mentiras. Em seu discurso, se produzem essas equivalências: Deus, verdade e amigos X demônio, mentira e inimigos.[38]

Na passagem seguinte, Bolsonaro passa a falar na primeira pessoa do singular. Assim, interpela os telespectadores, se refere a si mesmo como o eleito de um anseio divino e manifesta a prontidão para o cumprimento do seu desígnio. Além dos efeitos de interação, de laço identitário, de proximidade e de afeição produzidos pelo "Meus irmãos, meus amigos", esse vocativo se conjuga com outros termos religiosos: "união", "vontade de Deus" e "cumprir essa missão". A oração condicional "Se essa for a vontade de Deus" realça a crença religiosa e a submissão do sujeito que fala ao desejo divino. Em seguida ao afetuoso apelo ao telespectador e à deferente menção a Deus, se insere um lugar-comum da humildade: "Ninguém faz nada sozinho". A humildade do candidato dá a ocasião para o anúncio da "equipe boa" que o acompanhará e para a produção de um processo de sedução, por meio da constituição de uma imagem positiva dos interlocutores. Além da companhia de uma boa equipe, Bolsonaro estará ainda na de "pessoas maravilhosas". Mediante a escolha do adjetivo, não há somente uma tentativa de seduzir, mas

---

38. "Os fascistas se apropriavam, como faz Bolsonaro, de metáforas e pensamentos religiosos. Essa crença numa forma de verdade sagrada tem claras conotações teológicas cristãs. Na Bíblia, a verdade do Senhor contrasta com as mentiras dos homens: 'De modo algum! Seja Deus verdadeiro, e todo homem mentiroso'. Os que não acreditam na verdade de Deus são literalmente demonizados: 'Quem é o mentiroso, senão quem nega que Jesus é o Cristo? Esse é anticristo, que nega o Pai e o Filho'. As mentiras dos infiéis emanavam do diabo. (...) Se o líder encarnava uma verdade eterna, os fascistas concluíam que seus críticos mentiam, considerando-os inimigos da verdade". Finchelstein, Federico. O líder fascista como encarnação da verdade. *Revista Serrote*. Edição especial, julho de 2020, p. 42.

também a de bajular os eleitores, em um puro e emblemático *delectare*, criando um regime de fala que, em princípio, não se coadunaria com o debate público de assuntos políticos de uma sociedade. A primeira pessoa do plural, com que se encerra a oração, compreende o locutor, a equipe e os interlocutores. Investidos de suas virtudes, eles teriam competência para tornar o país "um Brasil melhor para todos".

Depois da adulação particularmente presente nesta conjunção entre as palavras e a forma como elas são pronunciadas, "pessoas maravi*lho*sas:: que *são vocês*", Bolsonaro se coloca em relevo e estabelece uma diferença de papéis e uma identidade de afeto. Sua fala se torna mais fala enfática, mas não virulenta, como em outras ocasiões, fora da propaganda eleitoral na TV, e nela se produz uma crença quase recíproca: o candidato acredita no eleitor e este último "acredita no Brasil", ou seja, confiaria no candidato que dispõe de boa equipe, que o seduz ao lhe imputar qualidades extraordinárias e que já anunciou seu potencial para a melhora do país.

Se o afeto seria mais ou menos compartilhado, os papéis desempenhados são distintos: a Bolsonaro cabe o cumprimento de uma missão, enquanto ao eleitor telespectador cabe a assistência. Exclui-se sua participação efetiva e se a limita ao mero testemunho. Assim, o que poderia ser a inclusão dos interlocutores na promessa em primeira pessoa do plural, "Faremos um governo para todos", parece já, em boa medida, desdita pelas oposições anteriores. Como se poderia esperar, a declaração desse compromisso se materializa em uma fala enfática, que constrói o efeito de certeza no futuro. O pacto, porém, está condicionado à esfera divina: "Se for essa a vontade de Deus..." Já no agradecimento e na elocução de seu *slogan* de campanha, a busca por emocionar e por mover o ânimo dos ouvintes se vale menos do brilho e do entusiasmo, prescritos pela retórica, quando trata da peroração, do que de uma energia, entre firme e anódina, no modo de fala.

«OS MARGINAIS VERMELHOS SERÃO BANIDOS DE NOSSA PÁTRIA»

Apesar de alguma veemência nesse último pronunciamento no HGPE, o Bolsonaro que vemos e ouvimos ali destoa tanto pelo que diz quanto pelas maneiras de dizer do sujeito agressivo e de tantas falas violentas. Diferentemente da inclinação negociadora e conciliatória que marcou as práticas e os discursos em toda a trajetória de Lula, de sindicalista até seus dois mandatos como presidente da República,[39] a real verve bolsonarista caracteriza-se pelo conflito e pela agressividade. Ainda assim, na propaganda eleitoral, ele se apresenta praticamente em uma versão "paz e amor". Essa persona mais parece um embuste, que não duraria muito tempo nem se estenderia fora da cena eleitoral televisiva. Cinco dias antes desse último programa do HGPE e a sete dias do segundo turno das eleições, Bolsonaro fez um discurso dirigido a apoiadores reunidos na Avenida Paulista em São Paulo em uma modalidade possivelmente inédita. Sua voz chega até seus partidários via telefone e sua imagem é reproduzida em um telão.

---

39. Para análises de discursos de Lula, ver, entre outros: Cazarin, Ercília. *Identificação e representação política: uma análise do discurso de Lula*. Ijuí: Editora da Unijuí, 2006; Ab'Sáber, Tales. A voz de Lula. Revista *Serrote*, n. 10. 2012. p. 63–71; Piovezani, Carlos. Falar em público na política contemporânea: a eloquência pop e popular brasileira na idade da mídia. In *História da fala pública*. Petrópolis: Vozes, 2015. p. 290–337; e Pereira, Maísa Ramos. Silenciamento e tomada de palavra: ambivalências discursivas em pronunciamentos de Evo Morales e Lula da Silva. (Tese de doutorado em Linguística), UFSCar, 2019.

A despeito da distância, candidato e eleitores estão em alta sintonia, interagem e estimulam-se mutuamente. Além dessa difusão, o pronunciamento estava já destinado a circular por outros meios, porque foi gravado em vídeo. "Para quem convalescia de uma facada, Bolsonaro aparece em cena bastante disposto e corado, sorridente na maior parte do tempo. Postado em pé no quintal dos fundos de casa, veste uma camiseta verde e tem atrás de si, como cenário, algumas peças de roupa e lençóis brancos pendurados no varal. Tudo é muito descontraído, casual, calculadamente mambembe. Revendo o vídeo, tive a impressão de que Bolsonaro lia o que falava de forma pausada, interagindo com a excitação da massa. Foi um discurso atroz".[40] Eis aqui algumas passagens dessa sua fala:

Nós somos a maioria. Nós somos o Brasil de verdade. Junto com esse povo brasileiro construiremos uma nova nação. Não tem preço as imagens que vejo agora da Paulista e de todo o meu querido Brasil. Perderam ontem, perderam em 2016 e vão perder a semana que vem de novo. Só que a faxina agora será muito mais ampla. Essa turma, se quiser ficar aqui, vai ter que se colocar sob a lei de todos nós. Ou vão pra fora ou vão para a cadeia. Esses marginais vermelhos serão banidos de nossa pátria.

Essa pátria é nossa. Não é dessa gangue que tem uma bandeira vermelha e tem a cabeça lavada.

Aqui não terá mais lugar para a corrupção. E seu Lula da Silva, se você estava esperando o Haddad ser presidente para soltar o decreto de indulto, eu vou te dizer uma coisa: você vai apodrecer na cadeia. E brevemente você terá Lindbergh Farias para jogar dominó no xadrez. Aguarde, o Haddad vai chegar aí também. Mas não será para visitá-lo, não, será para ficar alguns anos ao teu lado.

Já que vocês se amam tanto, vocês vão apodrecer na cadeia. Porque lugar de bandido que rouba o povo é atrás das grades.

---

40. Barros e Silva, 2020, p. 29.

Pretalhada, vai tudo vocês para a ponta da praia. Vocês não terão mais vez em nossa pátria, porque eu vou cortar todas as mordomias de vocês. Vocês não terão mais ONGs para saciar a fome de mortadela de vocês. Será uma limpeza nunca vista na história do Brasil. Vagabundos. Vai ter que trabalhar. Vai deixar de fazer demagogia junto ao povo brasileiro.

Vocês verão as instituições sendo reconhecidas. Vocês verão umas Forças Armadas altivas, que estará colaborando com o futuro do Brasil. Vocês, pretalhada, verão uma Polícia Civil e Militar com retaguarda jurídica para fazer valer a lei no lombo de vocês.

Bandidos do MST, bandidos do MTST, as ações de vocês serão tipificadas como terrorismo. Vocês não levarão mais o terror ao campo ou às cidades. Ou vocês se enquadram e se submetem às leis ou vão fazer companhia ao cachaceiro lá em Curitiba.

Amigos de todo Brasil, esse momento não tem preço. Juntos, eu disse juntos, nós faremos um Brasil diferente.

Meu muito obrigado a todos do Brasil que confiaram seu voto em mim por ocasião do primeiro turno. Ainda não ganhamos as eleições. Mas esse grito em nossa garganta será posto pra fora no próximo dia 28.

Nós ganharemos essa guerra. Vamos juntos trabalhar pra que no próximo domingo aquele grito que está em nossa garganta, que simboliza tudo o que nós somos, seja posto pra fora: Brasil acima de tudo, e Deus acima de todos! Valeu! Um abraço meu Brasil![41]

Uma narrativa alicerça essa e praticamente todas as falas de Bolsonaro e dos bolsonaristas: em uma origem idílica, em nosso reino, tudo eram flores, até que com o correr dos tempos os inimigos ali se infiltraram e produziram uma decadência ética, um declínio moral e uma degeneração sexual.

---

41. A íntegra do discurso de Bolsonaro pode ser assistida em "Jair Bolsonaro fala por telefone com os manifestantes da Av. Paulista, *Youtube*, 21 de outubro de 2018.

A pureza que conhecíamos fora maculada e precisa ser reintegrada por meio de uma "limpeza" que nos livre dessa nódoa perigosa e crescente. Há aí uma polarização simplista entre os amigos da pureza ("nós", "nossa pátria", "Amigos") e os inimigos que espalham a sujeira ("marginais vermelhos", "gangue que tem a bandeira vermelha", "Vagabundos", "bandidos", "petralhada"). Essa polarização impõe uma "guerra", em que é preciso eliminar os oponentes: "esses marginais vermelhos serão banidos de nossa pátria".[42]

Para que não haja dúvida, Bolsonaro diz quem são esses inimigos, o que os caracteriza e o que eles fazem. Seu pronunciamento pode ser resumido a uma perseguição obsessiva dos adversários, porque ele se dedica muito mais a apontá-los, detratá-los e a ameaçá-los do que a agradecer seus apoiadores e a lhes pedir que continuem em campanha até o final das eleições. Não há uma única proposta de política pública. Mas abundam as variações da violência e do banimento que recairão sobre os adversários: "a faxina", "vão pra fora ou vão para a cadeia"; "serão banidos"; "apodrecer na cadeia"; "vai tudo vocês para a ponta da praia"; "uma limpeza nunca vista na história do Brasil", "a lei no lombo de vocês".

---

42. João Cezar de Castro Rocha sustenta a hipótese de que a eliminação do inimigo presente nos discursos bolsonaristas vem da "Doutrina de Segurança Nacional" (DSN) formulada pela Escola Superior de Guerra e pelo regime de 1964: "A guerra cultural bolsonarista realiza, de um lado, uma tradução inesperada, de consequências potencialmente funestas, da Doutrina de Segurança Nacional que foi desenvolvida durante a ditadura. Mas, mesmo antes, pela Escola Superior de Guerra. Na DSN, uma vez identificado o inimigo não há dúvida: é necessário eliminá-lo". Rocha, João Cezar de Castro. "O verbo dominante nos vídeos dos intelectuais bolsonaristas é eliminar. E o substantivo é limpeza". Entrevista concedida a Augusto Diniz e publicada no Jornal *Opção*, no dia 08 de março de 2020.

Não há dúvidas de que "tudo transpira ódio e recende a fascismo. A 'ponta da praia', talvez nem todos saibam, era o nome dado pela ditadura a um local de desova de cadáveres no Rio de Janeiro. Bolsonaro fala como torturador, não como candidato à Presidência".[43] Isso não significa que a intervenção não compreenda variações. Em seu início e em seu final, há espaço para o reforço da identificação de grupo, para a consolidação de um efeito de pertença à "maioria", ao "Brasil de verdade", e ainda para certo entusiasmo, ainda que também ele contaminado por não pouca animosidade. Mas a carga patética raivosa mais ou menos bem distribuída por todo o corpo central do discurso concentra-se no ponto a partir do qual ocorre a simulação de uma mudança de interlocutor.

De seu exórdio até certa passagem de seu pronunciamento, Bolsonaro dirigia-se diretamente aos seus partidários, quando então simula passar a falar com o principal líder dos inimigos: Lula. A mudança acontece neste trecho "E seu Lula da Silva, se você estava esperando o Haddad ser presidente para soltar o decreto de indulto, eu vou te dizer uma coisa: você vai apodrecer na cadeia". É justamente em meio a essa modificação de interlocutor que o candidato do PSL mais projeta um discurso de ódio, tanto no que diz quanto nas maneiras de dizer, porque é sempre vociferando que ele faz ameaças de violência física e até de extermínio de adversários políticos. Mesmo que seja constituído dessa manifesta truculência verbal, o discurso de Bolsonaro se beneficia do fato de não raramente ser "visto como algo folclórico, lúdico, juvenil". Seus modos de expressão seriam do "tipo de manifestação

---

43. Barros e Silva, 2020, p. 29.

que domina o conjunto *Facebook / WhatsApp / Youtube / Instagram / Twitter*. É a forma do *meme*. Bolsonaro apostou na memeficação da política, dominou a arte de memeficar os temas e, com isso, atraiu milhões de seguidores".[44] Por essa e por outras razões bem mais escusas, a virulência de Bolsonaro foi justificada e até bem recebida por veículos da grande mídia.[45]

Além disso, a impressão de fazer de Lula, Lindbergh Farias, Haddad, Petralhada, Bandidos do MST e do MTST seus interlocutores diretos produz um efeito de coragem. Bolsonaro investe-se de bravura e simula falar de modo franco e autêntico, aguerrido e sem rodeios aos seus piores e mais poderosos adversários. O candidato do PSL aparenta ser alguém que não somente não tem medo de dizer o que pensa negativamente sobre alguém, mas o faz diretamente para a pessoa concernida e com toda franqueza e valentia de um soldado que encara e enfrenta o inimigo em uma guerra, sem temer os riscos que corre. Em razão de um sólido amalgama entre posição política e postura estética, a agressividade de Bolsonaro promove a adesão de boa parte do eleitorado e catalisa os discursos de ódio e de completo desrespeito pelos mais

---

44. Moura e Corbellini, 2019, p. 124.
45. O *Estadão* publicou no dia 08 de outubro de 2018 um famigerado editorial intitulado "Uma escolha muito difícil", no qual equiparava Bolsonaro e Haddad: "De um lado, o direitista Jair Bolsonaro (PSL), o truculento apologista da ditadura militar; de outro, o esquerdista Fernando Haddad (PT), o preposto de um presidiário. Não será nada fácil para o eleitor decidir-se entre um e outro." Já a *Jovem Pan* em texto intitulado "Bolsonaro fala em 'marginais vermelhos', PT veste a carapuça", de 23 de outubro de 2018, não só atenuou a violência contida nas declarações de Bolsonaro, mas também as defendeu: "Claro que a frase seguinte, "Esses marginais vermelhos serão banidos de nossa pátria", era desnecessária e inadequada, porque o banimento da pátria soa autoritário, mas Bolsonaro, além de usar um termo genérico sem individualização, nem sequer disse que ele próprio banirá os marginais, mas que os marginais serão banidos."

básicos direitos humanos. Entre outras declarações de seus eleitores que vão nesta mesma direção, eis estes dois emblemas do ódio condensado:

Jair Bolsonaro vai descer a borracha nesses vagabundos aí. (eleitor de Minas Gerais, classe B, 28 anos)

Pra ele, se tem que matar, mata. Por isso, o povo está atrás dele. (eleitor de Pernambuco, classe D, 39 anos).[46]

A agressividade de Bolsonaro, ao indicar os inimigos políticos e ao falar de aumento da corrupção e da violência, e a intransigência com que trataria dos problemas da administração e da segurança pública geram crença e adesão do eleitorado e fomenta a reprodução de discursos da violência entre os próprios eleitores. Diante da crescente sensação de que estaríamos no ápice de uma crise generalizada concomitante com o que era apresentado como a existência de uma selvageria urbana, os partidários de Bolsonaro não aderiam a um projeto bem definido para essa área nem a uma experiência comprovada para conceber e propor soluções a seus problemas. Em seus pronunciamentos, o candidato do PSL não expunha nem sequer um razoável plano de política pública aos eleitores.

Isso não parecia incomodar seus apoiadores. Entre eles, ocorria uma adesão fervorosa provocada pela relevância que o candidato dava ao tema, pela atitude de enfrentamento que ele corporificava, "inclusive no gestual da 'arma', que se tornaria um dos símbolos de sua campanha", pela forma contundente que se posicionava a esse respeito e pelo "combate sem tréguas ao que chamava de 'bandidagem', até o limite da exclusão do pacto social, de seu banimento do Estado de

---

46. Moura e Corbellini, 2019, p. 77.

direito".[47] Para a criação dessa crença e desse vínculo, sua linguagem belicosa, com laivos fascistas, em particular quando sua fala se endereça a públicos mais homogeneamente fidedignos, foi sempre fundamental. Bolsonaro mostra-se loquaz e poderoso para lutar contra a corrupção e a violência, valendo-se em larga medida de sua fala para fazê-lo. Nela, há *grosso modo* a conjunção entre essas duas facetas: ele é franco e destemido para apontar o inimigo no que diz e forte e enérgico para combatê-lo em suas maneiras de dizer. Não foram exatamente toda essa verbosidade e toda essa coragem que vimos ser demonstradas por Bolsonaro nas situações em que ele poderia ter debatido e enfrentado seus concorrentes nas eleições presidenciais.

De fato, Bolsonaro falou pouco durante sua campanha eleitoral. Dos 14 debates eleitorais televisivos previstos, o candidato do PSL participou de apenas 2.[48] A discrição, o laconismo e os silêncios não lhe eram comuns antes das eleições presidenciais de que saiu vitorioso. Em princípio, sua opção pelas antípodas da fala abundante e agressiva, que frequentemente o caracterizou, poderia surpreender. Com mais forte razão, deveria surpreender que um sucesso eleitoral decorresse em boa medida de uma renúncia ao direito de ocupar as tribunas e de participar dos debates. Diante dessa situação atípica e desse seu espantoso resultado, poderiam ocor-

---

47. Moura e Corbellini, 2019, p. 76.
48. "Eleições 2018: calendário, debates e programa dos candidatos à presidência do Brasil", jornal *El país*, 20 de setembro de 2018. Ocorreram, efetivamente, 7 debates eleitorais entre os candidatos à presidência da República nas eleições de 2018. No segundo turno, não houve nenhum debate. As emissoras de tevê desistiram de sua realização diante da recusa de Bolsonaro em participar dos debates.

rer-nos estas questões: por que Bolsonaro falou bem menos do que poderia, em pleno contexto eleitoral? Como ele pôde mesmo assim vencer as eleições?

Bolsonaro falou tão pouco porque boa parte das situações de fala às quais estaria exposto eram fundamentalmente diálogos e debates de ideias. Para muitos analistas, ele "não teria um bom desempenho e demonstraria despreparo em entrevistas e debates". Tal como já ocorrera mesmo antes do início da campanha eleitoral na TV, a performance oratória de Bolsonaro era aventada como um seu calcanhar de Aquiles.[49] Além disso, o candidato do PSL falou pouco, também porque falou "outra língua", a língua das TICs, e substituiu os riscos de exposição dos pronunciamentos e dos enfrentamentos verbais com adversários e jornalistas pela conveniência das "*lives*". Nelas e no idioma das TICs, as falas circulam por vias e canais específicos, que se caracterizam por romper "com as referências normativas estabelecidas, introduzindo algumas transformações centrais em nossa vida: ofuscam a distinção entre realidade e virtualidade, invertem a lógica da escassez da informação para a da abundância e, sobretudo, promovem a passagem de um mundo em que a primazia é dada às entidades para outro, em que predominam as interações".[50] Falou pouco, porque ele já havia dito coisas e, pelas coisas ditas, já havia sido alçado a uma espécie de celebridade política e midiática, por programas televisivos e por re-

---

49. "O desempenho de Bolsonaro em algumas entrevistas – uma das mais marcantes talvez tenha sido aquela para a bancada da *GloboNews*, em 3 de agosto de 2018 – reforçou em muitos a certeza da previsão de sua candidatura se desidrataria na hora da verdade." (Moura e Corbellini, 2019, p. 61).

50. Lago, 2018.

des sociais na internet. Bolsonaro já havia se projetado pelas coisas que dizia, pelos seus modos de dizer e pelas formas de circulação do que disse.

Na campanha de Bolsonaro, ocorreu e persistiu *grosso modo* uma distinção entre a *persona* e o discurso mais palatáveis que circulam pela TV e a *persona* e o discurso agressivos que circulam nas redes sociais. Além disso, há nestas últimas uma divisão entre seu solo e seu subsolo. No primeiro, estão a posse absolutamente expandida dos *smartphones*, o uso amplamente difuso das redes sociais e os efeitos que eles provocam: a forte crença nas mensagens recebidas gerada por uma emissão não institucionalizada nos moldes tradicionais, a alta adesão que essa crença constrói e o empoderamento participativo de produzi-las e reproduzi-las. Já no segundo, encontram-se uma consistente inflexão da estratégia política e eleitoral da direita e da extrema-direita, a emergência e a consolidação de sites com conteúdos conservadores e autoritários geridos e fomentados por militares da reserva e ativistas de extrema-direita e a compra milionária e irregular de dados e disparos de mensagens, muitas delas *fake news*, a destinatários bem definidos e segmentados, valendo-se de uma espécie de *politropia hi-tech*.[51]

---

51. Havia antes do período clássico da Antiguidade um conjunto de retores e sofistas que se filiavam a uma tradição pitagórica 'irracional' para a qual os discursos que mais bem persuadem "não são válidos para todos: bem ao contrário, há os válidos para os jovens, os para as mulheres, os para os arcontes, os para os efebos. (...) Essa característica vem aí definida como *polytropía* ou faculdade de encontrar os diversos modos de expressão convenientes a cada um". (Plebe, Armando. *Breve história da retórica antiga*. São Paulo: EPU, 1978, p. 3). Voltaremos a tratar desses aspectos logo adiante.

Enquanto falava essa língua das tecnologias da informação e comunicação, Bolsonaro via recrudescer o movimento de seus partidários que ecoavam o que ele dizia. Três forças bastante conhecidas os moviam: i) a sensação de aumento da violência urbana e de degradação ética e moral da sociedade e os consequentes medos e ódios contra "tudo o que tá aí"; ii) o sentimento de empoderamento derivado da conquista de uma condição de porta-voz do grupo; e iii) as crenças em mensagens segmentadas, bem dirigidas a públicos específicos e disparadas via rede sociais. No que diz respeito aos afetos negativos em relação à política e aos partidos de esquerda, em particular, é preciso ressaltar que em seu funcionamento reside um "impulso de eliminar o *out-group*". No âmago desse funcionamento, está o "dispositivo 'joio e trigo' empregado por todos os demagogos fascistas". Trata-se de um mecanismo que "age como uma força negativamente integradora e essa integração negativa alimenta o instinto de destrutibilidade".[52] Mencionaremos adiante alguns desses fatos, fenômenos e atores que fomentaram essa adesão ao instinto de aniquilar os que são considerados exteriores ao grupo na história pregressa e recente do Brasil.

Já a força do empoderamento meio *fake* meio *true*, mas, integralmente narcisista, consiste no fato de que muitos sujeitos periféricos e ignorados passam a se conceber como atores que se integram a grupos identitários fortes[53] e que desempenham papéis importantes em um drama no qual até então

---

52. Adorno, 2018.
53. Todos os sujeitos não integrados a grupos e identidades minoritários, que conquistaram tardia e insuficientemente espaços de representação e atuação, podem na repetição só aparentemente anódina do *slogan* "Brasil acima de tudo. Deus acima de todos" inscrever-se na comunidade da nação, da religião e ainda da heterossexualidade.

só lhes estava reservada a condição de plateia negligenciada. Um considerável conjunto de brasileiros e brasileiras desconhecidos e menosprezados repentinamente são elevados à condição de alguém que tem o que dizer, de quem agora tem voz e vez para falar e ser ouvido. Emerge e funciona aí um narcisismo ao mesmo tempo semelhante e distinto daquele indicado por Adorno na formação de grupos fascistas: "ao fazer do líder seu ideal, o sujeito ama a si mesmo, por assim dizer, mas se livra das manchas de frustração e descontentamento que estragam a imagem que tem de seu próprio eu empírico". Um dos meios privilegiados para o estabelecimento e o reforço dessa identificação narcísica do líder é sua exposição como "um 'grande homem comum' (*great little man*), alguém que sugere tanto onipotência quanto a ideia de que é apenas um de nós". Essa condição ambivalente ajuda a operar um "milagre social": "A imagem do líder satisfaz o duplo desejo do seguidor de se submeter à autoridade e de ser ele próprio a autoridade".[54]

Além da satisfação desse duplo desejo, a identificação do sujeito com o líder e com o grupo fascistas lhe permite se desonerar do peso de seus fracassos e frustrações nessa entrega à massa. Ele tanto se desresponsabiliza pelo que lhe falta quanto atribui a culpa ao inimigo apontado pelo consenso grupal. Por outro lado, essa autoridade pode ser exercida por um sujeito medíocre cuja força provém da identificação com o grupo e do exercício da condição de porta-voz em seu interior. Assim, abre-se espaço para que o seguidor se torne também seguido, para a superação momentânea e imaginária, mas efetivamente sentida, da situação de quem não podia

---

54. Adorno, 2018.

falar ou de quem até falava, mas não era ouvido. Em uma sociedade profundamente injusta e desigual como a brasileira, dizer e conquistar algum reconhecimento não é pouca coisa. Esses sujeitos intensa e extensivamente desrespeitados passam a ser não só representados por um líder poderoso com o qual se identificam, mas também podem falar por si mesmos e se tornar eles próprios porta-vozes do grupo, praticamente sem os riscos de se defrontar com universos externos desprovidos do fortalecimento que seu próprio grupo lhe deu e com a frequente conveniência de falar aos seus no interior de um consenso que se estabeleceu e que criou entre muitos discordantes uma crescente onda de silêncio.

Em suma, o gozo narcísico fascista compreende a sugestão que a propaganda lhe faz de que o "seguidor, simplesmente por pertencer ao *in-group*, é superior, melhor e mais puro que aqueles que estão excluídos",[55] mas provavelmente intensifica-se à medida que os resolutos partidários do fascismo e os ainda nem tão convictos empoderados de última hora se tornam cada vez mais ativos no processo de difusão e consolidação de suas crenças e afetos. Para tentar suspender ou atenuar as exclusões que os vitimavam, não poucos sujeitos de classes baixas e médias aderiram aos programas da direita e da extrema-direita. O arrefecimento do processo de integração nacional e de seu clima de otimismo no Brasil inverteram a maré da alta popularidade dos governos do PT, principalmente a partir da segunda gestão de Dilma Rousseff. Essa "inversão da maré, ajudada por técnicas recém-inventadas de propaganda enganosa, transformou aprovação em rejeição num passe de mágica, aliás, assustador. Na falta

---

[55]. Adorno, 2018.

de organização política para aprofundar a democracia, ou melhor, a reflexão social coletiva, é possível imaginar que os novos insatisfeitos, os favorecidos pelas políticas esclarecidas anteriores, refaçam o seu cálculo e coloquem as fichas na aposta anti-ilustrada".[56] Com medo, frustração e ódio no coração e um celular com internet nas mãos, um gozo momentâneo e um grande estrago estavam sendo gestados.

Finalmente, essas "técnicas recém-inventadas de propaganda enganosa" produziram crenças fortes e reais em notícias frágeis e falsas. A despeito da inerente fragilidade de sua contrafação, há uma narrativa, uma maneira de contá-las e um modo de pô-las em circulação que conjuntamente conseguem lhes impregnar uma condição de verdade e infundir a crença em milhões de pessoas. A narrativa é esta bem conhecida, segundo a qual "as passagens desses últimos governos mergulharam o Brasil na mais profunda crise ética, moral e econômica". Ela é contada em uma linguagem simples e mais ou menos alegórica, que está baseada em uma concepção belicosa e neopentecostal do mundo, para a qual há uma guerra formada de grandes combates políticos e de pequenas batalhas cotidianas contra as múltiplas faces do mal. A compra ilícita de dados e de disparos de mensagens bastante segmentadas, que chegavam por uma via direta sem o peso e a desconfiança de instituições tradicionais e com a legitimidade e a credibilidade de uma origem quase sempre pessoal, suscitou a crença em patamares altíssimos nas *fake news*.[57]

---

56. Schwarz, Roberto. "Neoatraso bolsonarista repete clima de 1964". Entrevista concedida a Claudio Leal e publicada no caderno Ilustríssima da *Folha de S. Paulo*, 15 de novembro de 2019.

57. Uma pesquisa realizada pelo IDEIA *Big Data*, "perguntou aos eleitores se tinham visto e acreditado em cinco das fake news mais populares nas redes

Pouco antes do início oficial da campanha de Bolsonaro, ocorrera uma elevação de patamar nessas técnicas de propaganda enganosa. Tudo começara bem antes com a associação entre dois milionários norte-americanos, Robert Mercer e Steve Bannon, da qual resultou a fundação da *Cambridge Analytica*. Seu propósito era o de armar um grande esquema com enormes bases de dados e, assim, conseguir manipular resultados de diversos processos eleitorais: o Brexit e a eleição de Donald Trump teriam sido os primeiros ensaios bem-sucedidos. Tudo acontecera do seguinte modo, desde seu início até sua chegada aos assessores bolsonaristas:

O primeiro passo da operação foi coletar de forma ardilosa os dados de cidadãos em celulares e redes sociais, sem que eles soubessem, por meio de aplicativos, enquetes ou de testes do tipo *quizz*. Assim, com questionários ingênuos, milhões de pessoas deixaram dados sobre seus traços de personalidade, desejos e medos.

Com esses dados em mãos, eles utilizaram técnicas de segmentação comportamental, definindo o perfil psicológico dos eleitores. O cruzamento com os dados que deixamos nas redes sociais, a cada curtida ou comentário, formava um conjunto que permitiu catalogar as pessoas em diferentes "caixas psicológicas".

A partir dessa operação, tornou-se possível personalizar a mensagem política. A segmentação permitia definir qual tipo de conteúdo cada eleitor receberia, aquele que melhor se adequava à sua história digital. Não é mais receber o mesmo santinho, ver a mesma placa, assistir à mesma propaganda.

---

sociais durante as últimas semanas das eleições. Impressionantes 98,2% dos eleitores de Bolsonaro entrevistados tinham sido expostos a uma ou mais daquelas notícias falsas, e 89,8% acreditaram que fossem embasadas em verdade." (Moura e Corbellini, 2019, p. 129)

Para uma senhora diabética, a mensagem vai falar sobre os preços de medicamentos. Para um homem que pesquisou cercas elétricas para sua casa, mensagens sobre violência, medidas de segurança pública. Ou, na versão brasileira, para uma senhora evangélica, mensagens sobre o kit gay e mamadeira de piroca. Não foram todos que as receberam. Apenas aqueles que teriam maior propensão de acreditar.

O modelo da *Cambridge* contou ainda com uma estratégia de intoxicação informativa. Para isso, Mercer adquiriu, antes das eleições dos EUA, o portal de notícias *Breibarth News*, onde eram ancoradas as narrativas em que seriam distribuídas as informações aos eleitores. Os links, com ar de seriedade, eram depois disparados nas redes sociais.

Estamos falando de uma estratégia sofisticada de comunicação política. Algo que alguém tão limitado como Carluxo jamais teria condições de imaginar. Sim, a operação veio pronta, sob medida, para uso do bolsonarismo. Carluxo é apenas um gestor na ponta.

A milícia digital bolsonarista constituiu-se de forma profissional em 2018, na pré-campanha à Presidência. Um dos momentos mais visíveis de sua formação foi a greve dos caminhoneiros. Ali houve uma coordenação para incidir naquele processo. Mensagens personalizadas eram criadas e a vinculação de Bolsonaro com a greve começou a tomar as redes sociais. Foi um "laboratório", um experimento do que viria pela frente e segue rolando.[58]

O solo brasileiro não era virgem, mas estava repleto de insumos. Assim, nestas terras, as sementes plantadas por esse método escuso germinaram, se transformaram em plantas saudáveis e geraram frutos apodrecidos. Não é verdade, porém, que, por aqui, "em se plantando, tudo dá". Para combater e impedir o nascimento de sementes transformadoras

---

[58]. Boulos, Guilherme. "A origem das milícias digitais". In: Carta Capital, n. 1106, 20 de maio de 2020, p. 25.

e igualitárias, há entre nós combinações históricas, sociais e políticas, que são tóxicas e muito eficientes. A *politropia hi tech* tornou possível o envio e a recepção de mensagens compósitas que satisfaziam perfis cuja complexidade ultrapassava os diagnósticos mais esquemáticos que dividiam a massa eleitoral em "direita" e "esquerda". A "senhora evangélica" que acredita no "kit gay" pode também ser uma mãe pobre de adolescente viciado em crack e, por isso, estar desesperadamente à espera de vaga em clínicas públicas de tratamento antidrogas e ter muito medo e aversão à polícia, que já espancou e humilhou seu filho. A complexidade que há em distintas porções de atraso moderno ou de modernidade atrasada e seus diversos acordos é mais bem contemplada e satisfeita com mensagens específicas do que com programas mais coerentes e relativamente homogêneos, que apostassem mais ou menos exclusivamente na modernidade das pautas progressistas ou no atraso das conservadoras.

Não é possível e talvez nem seja necessário relembrar aqui as várias experiências desastrosas de nossa história de longo e médio prazos de persistentes retardos e de progressos ambivalentes e insuficientes e de seus legados ainda tão presentes em nossos dias. Limitaremo-nos a nos referir somente a três episódios mais ou menos recentes que conjuntamente contribuíram para o conveniente e relativo silêncio de Bolsonaro nas eleições presidenciais e para sua não esperada, mas, nem, por isso, surpreendente vitória. De envergaduras distintas e de efeitos análogos, esses foram três episódios em que pudemos assistir à fecundidade nefasta e à força deletéria da retórica reacionária no Brasil.

O primeiro deles está muito bem descrito nestes termos:

Em 1985, depois de um trabalho de seis anos, foi publicado no Brasil um livro que marcou época chamado "Brasil: Nunca Mais". Seria o livro negro da ditadura militar. De maneira secreta, um grupo de pesquisadores compilou aproximadamente 5 mil páginas de documentos do Superior Tribunal Militar (STM) com processos de subversivos e guerrilheiros.

Portanto, todos os documentos que fazem parte do projeto "Brasil: Nunca Mais" foram produzidos pela ditadura militar. Os pesquisadores compilaram uma seleção dos documentos de modo a denunciar para a sociedade brasileira a tortura, o assassinato e o desaparecimento político. Eu tinha 20 anos quando o "Brasil: Nunca Mais" saiu. Foi uma revolução na sociedade brasileira. Ficaram comprovadas de uma maneira muito clara todas as arbitrariedades e a violência da ditadura militar.

No ano seguinte, sob a liderança do ministro do Exército do governo José Sarney (MDB), que era o general da linha dura Leônidas Pires Gonçalves, um grupo de militares resolveu revidar. Resolveu, a seu modo, escrever outro livro. Já que o "Brasil: Nunca Mais" se tornou o livro negro da ditadura militar, os militares comandados pelo Leônidas Pires Gonçalves decidiram escrever o livro negro da luta armada, isto é, o livro negro da esquerda.

Os militares compilaram material e documentos, sobretudo do serviço de informação da Marinha, do Exército, da Aeronáutica e do Serviço Nacional de Informação (SNI), organizaram dois volumes de aproximadamente mil páginas e queriam publicar o livro. Seria a resposta do Exército ao "Brasil: Nunca Mais".

José Sarney, em 1989, vetou a publicação temendo a radicalização e a polarização que daí poderiam surgir. A partir deste momento, algumas cópias produzidas manualmente circularam entre oficiais de alta patente e poucos militantes de direita. Até que um jornalista, Lucas Figueiredo, especialista na comunidade de informação brasileira, autor do mais importante livro sobre o SNI, "Ministério do Silêncio", descobriu e teve acesso ao livro. O projeto dos militares se chamava "Orvil".[59]

Desde então, envolto em certa aura de mistério, o "Orvil" – nome derivado da inversão da ordem das letras da palavra "livro" – passou a circular cada vez mais nas redes compostas por militares e por militantes e adeptos da direita linha dura e da extrema direita. Foi do "Orvil" que o coronel Carlos Alberto Brilhante Ustra, frequentemente louvado por Bolsonaro, extraiu material para publicar seu livro intitulado "A verdade sufocada".[60] Em ambos, o que se busca mostrar é que "a esquerda da luta armada, na concepção do Exército, era terrorista e provocou tantos assassinatos e tantas mortes quanto o próprio Exército". Além de ser uma compilação de documentos, o "Orvil" "tem uma narrativa que procura interpretar a história republicana brasileira a partir da década de 1920". Teria havido ao longo do século XX três tentativas do movimento comunista internacional de implantar uma ditadura do proletariado no Brasil: "É uma narrativa delirante. É uma teoria conspiratória, simplesmente absurda". Graças aos militares, esses três ensaios teriam fracassado: "O primeiro foi a fundação do Partido Comunista do Brasil (PCdoB), que assim se chamava em 1922, e a Intentona Comunista de 1935". Já a segunda tentativa teria começado depois do suicídio de Getúlio Vargas e se estenderia até a "revolução" de 1964. Enfim, o terceiro ensaio seria o da luta armada já durante a ditadura, entre 1968 e 1974: "Destaca-se o ano de 1974,

---

59. Rocha, 2020.
60. Sobre o uso de livros como objetos culturais legitimadores dos discursos de Bolsonaro e de sua conjunção com o anti-intelectualismo, ver: Curcino, Luzmara. "Conhecereis a Verdade e a Verdade vos libertará": livros na eleição presidencial de Bolsonaro. In: Revista *Discurso & Sociedad*, Barcelona, vol. 13, n. 3, 2019, p. 468–494.

porque nesse ano os últimos guerrilheiros do Araguaia são assassinados pelo Exército. Não são feitos prisioneiros, são eliminados em fidelidade à doutrina de segurança nacional".[61]

As armas militares nos teriam livrado por três vezes da ditadura comunista que se instalaria por aqui. Mas, sempre segundo essa narrativa do "Orvil", o perigo ainda não havia passado por completo. Muito ao contrário. Após terem vencido a última batalha, os militares da linha dura, em vez de condecorados, viram-se traídos por um dos seus: "Ainda em 1974, o presidente Ernesto Geisel começou a desmobilizar o aparato repressivo, o que explica o ressentimento que se encontra na base do 'Orvil' e também esclarece a narrativa conspiratória do quarto e derradeiro momento": "Na narrativa dos militares do Exército, em 1974, a esquerda, derrotada militarmente mais uma vez, mudou de rumo e decidiu adotar a técnica gramsciana; ela teria se infiltrado na cultura, acima de tudo nas universidades e nas artes, para a médio prazo tomar o poder. Entre outras palavras, a esquerda triunfou somente quando o aparato repressivo foi desativado".[62] Em uma equação que nos parece absurda, há para Bolsonaro e para bolsonaristas uma equivalência semântica entre o *slogan* "Brasil acima de tudo, Deus acima de todos" e a palavra de ordem "É preciso eliminar o inimigo interno". Isso quando não ocorre a ameaça manifesta de morte: "Pretalhada, vai tudo vocês para a ponta da praia".

---

61. Rocha, 2020.
62. Rocha, 2020. Ver também: Rocha, João César de Castro. "A arquitetura da destruição", *Folha de S. Paulo*, Ilustríssima, 09 de agosto de 2020, p. C6–C7.

Em novembro de 2011, foi criado o órgão temporário denominado Comissão Nacional da Verdade. O governo de Dilma Rousseff viu-se obrigado a fazê-lo, porque no final de 2010 o Brasil fora condenado pela Corte Interamericana de Direitos Humanos da OEA. Mais de vinte anos depois do começo da difusão do "Orvil", já no início da terceira gestão do PT à frente da presidência da República, era instituída uma comissão cuja finalidade consistia em "apurar graves violações de Direitos Humanos ocorridas entre 18 de setembro de 1946 e 5 de outubro de 1988".[63] Uma vez mais tentava-se revelar à boa parte da sociedade brasileira as atrocidades cometidas por agentes do Estado, elaborar coletivamente um trauma de nossa história e proceder a uma reparação histórica para com aqueles que foram perseguidos, exilados e torturados e para com os familiares e amigos dos que foram assassinados e não poucas vezes tiveram seus corpos ocultados, sem lhes dar o direito a um luto pleno. Não se tratava, de fato, da possibilidade de punir os agentes envolvidos nesses crimes, mas somente de conhecer mais precisamente seus atos e de torná-los públicos. Nem, por isso, se deixou de reavivar o negacionismo, o revisionismo e o revanchismo de muitos setores militares e de partidários da extrema direita.

No documentário "Intervenção — amor não quer dizer grande coisa",[64] assistimos a uma longa e monológica sequência de manifestações alucinadas e baseadas em teorias conspiratórias sobre o "marxismo cultural", sobre a imaginada tentativa de implantação do comunismo no Brasil e sobre o risco

---

63. "Relatório da CNV", disponível no site da Comissão Nacional da Verdade, publicado em 10 de dezembro de 2014.
64. Direção de Gustavo Aranda, Tales Ab'Sáber e Rubens Rewald. Confeitaria de Cinema / Cérebro Eletrônico, 2017.

iminente de seu sucesso. A repetição da narrativa do "Orvil" não poderia ser mais evidente. Em que pese a considerável diversidade dos sujeitos que falam nas intervenções que o documentário compila, a assistência produz ao mesmo tempo uma sensação de monotonia, por ser uma diversificada repetição da mesma história, e inúmeros sobressaltos, dadas as variações e as intensificações dos farsescos temas do comunismo que nos ronda e da degradação da sociedade brasileira. Mediante a observação desse extenso conjunto de discursos de extrema-direita, recolhidos na internet durante os anos de 2015 e 2016, intuímos sua precedência e sua sucessão imediatas.

Desde o final de 2011 e o início de 2012, já havia começado a ocorrer uma organização de declarações públicas contra a Comissão Nacional da Verdade promovida principalmente por militares da reserva e de um esquema de difusão dessas declarações em redes na internet entre militantes de direita *hard* e de extrema direita. Essa organização já estava bem estabelecida, quando acontecem as rupturas entre os dois polos ideológicos nas manifestações de 2013. Assim, no polo da extrema direita, "o novo fascismo já era bastante explícito nas ruas e na internet em 2014, 2015, 2016 e 2017, como movimento de massas populares, com várias faces e vários lugares sociais brasileiros, na construção do impeachment de Dilma Rousseff, na criação política de seu *pathos* de mentira e de sua linguagem de agressão e calúnia, e do emudecimento forçado do outro político, ao qual o jornalismo oficial se acoplou".[65]

---

65. Ab'Sáber, Tales. "O neofascismo no Brasil não é fruto de uma 'parlamentada', mas é, possivelmente, o contrário". Postagem no *Facebook* feita no dia 11 de maio de 2020.

A reação à instauração da Comissão Nacional da Verdade é um marco importante do qual proveio o preparo e o fomento da convocação de uma massa imbuída de postura intolerante e violenta na política nacional, com base em um anticomunismo alucinado. A partir daí surgiram os dispositivos de mentiras e produção de ódio à política, que já estavam plenamente organizadas e muito atuantes nas manifestações com considerável aderência popular contra o governo Dilma e na adesão de um novo público do PSDB à direita radical. Tudo isso se somou à insatisfação dos bancos e do mercado financeiro à política de redução dos juros adotada pelo governo a partir do segundo semestre de 2011 e à cobertura e apoio da grande mídia à virada à direita de boa parte dos protestos de junho de 2013.

Com as reações militares e direitistas contra a CNV, com o realinhamento do grande capital contra o governo petista e com a intensificação da detratação midiática do PT, reemerge uma personagem política lamentável, mas poderosa: "o homem conservador médio". Essa figura "antipetista por tradição e anticomunista por natureza arcaica brasileira mais antiga – um homem de adesão ao poder por fantasia de proteção patriarcal e agregada, fruto familiar do atraso brasileiro no processo da produção social moderna – pode entrar em cena como força política real, deixando de expressar privadamente um mero ressentimento rixoso, carregado de contradições, contra o relativo sucesso do governo lulo-petista, que jamais pôde ser verdadeiramente compreendido por ele". Diante do sucesso das gestões de Lula, das quais ele saiu com impressionantes percentuais de popularidade e com as quais conseguiu eleger sua sucessora, o "governo só poderia ser vencido se lhe fosse projetado o velho desejo autoritário brasileiro, o mais puro anticomunismo com toques de moralismo neoudenista".[66]

Fernando Henrique Cardoso não hesitou em propor passos decisivos nessa direção. Movido por uma emulação constante e indisfarçável com Lula que não lhe favorecia, ante a iminente terceira vitória eleitoral do PT, FHC "propôs, de modo envergonhado, mas convicto, que o PSDB guinasse à direita e José Serra utilizou-se abertamente da retórica anticomunista em sua campanha contra Dilma Rousseff".[67] Consumada a vitória desta última, afetos negativos e conhecimentos sociológicos combinaram-se na formulação destes termos de Fernando Henrique:

Enquanto o PSDB e seus aliados persistirem em disputar com o PT a influência sobre os "movimentos sociais" ou o "povão", isto é, sobre as massas carentes e pouco informadas, falarão sozinhos. Isto porque o governo "aparelhou", cooptou com benesses e recursos as principais centrais sindicais e os movimentos organizados da sociedade civil e dispõe de mecanismos de concessão de benesses às massas carentes mais eficazes do que a palavra dos oposicionistas, além da influência que exerce na mídia com as verbas publicitárias. Sendo assim, dirão os céticos, as oposições estão perdidas, pois não atingem a maioria. Só que a realidade não é bem essa. Existe toda uma gama de classes médias, de novas classes possuidoras (empresários de novo tipo e mais jovens), de profissionais das atividades contemporâneas ligadas à TI (tecnologia da informação) e ao entretenimento, aos novos serviços espalhados pelo Brasil afora, às quais se soma o que vem sendo chamado sem muita precisão de "classe C" ou de nova classe média. Pois bem, a imensa maioria destes grupos – sem excluir as camadas de trabalhadores urbanos já integrados

---

66. Ab'Sáber, Tales. *Dilma Rousseff e o ódio político*. São Paulo: Hedra, 2015, p. 35 e 38.
67. Ab'Sáber, 2015, p. 38.

ao mercado capitalista – está ausente do jogo político-partidário, mas não desconectada das redes de internet, *Facebook*, *YouTube*, *Twitter*, etc. É a estes que as oposições devem dirigir suas mensagens prioritariamente, sobretudo no período entre as eleições, quando os partidos falam para si mesmos, no Congresso e nos governos. Se houver ousadia, os partidos de oposição podem organizar-se pelos meios eletrônicos, dando vida não a diretórios burocráticos, mas a debates verdadeiros sobre os temas de interesse dessas camadas.

O discurso, noutros termos, não pode ser apenas o institucional, tem de ser o do cotidiano, mas não desligado de valores. Obviamente em nosso caso, o de uma democracia, não estou pensando em movimentos contra a ordem política global, mas em aspirações que a própria sociedade gera e que os partidos precisam estar preparados para que, se não os tiverem suscitado por sua desconexão, possam senti-los e encaminhá-los na direção política desejada. Seria erro fatal imaginar, por exemplo, que o discurso "moralista" é coisa de elite à moda da antiga UDN. A corrupção continua a ter o repúdio não só das classes médias como de boa parte da população. Na última campanha eleitoral, o momento de maior crescimento da candidatura Serra e de aproximação aos resultados obtidos pela candidata governista foi quando veio à tona o "episódio Erenice". Mas é preciso ter coragem de dar o nome aos bois e vincular a "falha moral" a seus resultados práticos, negativos para a população. Mais ainda: é preciso persistir, repetir a crítica, ao estilo do "beba Coca Cola" dos publicitários. Não se trata de dar-nos por satisfeitos, à moda de demonstrar um teorema e escrever "cqd", como queríamos demonstrar. Seres humanos não atuam por motivos meramente racionais. Sem a teatralização que leve à emoção, a crítica – moralista ou outra qualquer – cai no vazio.[68]

---

68. Cardoso, Fernando Henrique. O papel da oposição. In: Revista *Interesse Nacional*, n. 13, 2011. Tales Ab'Sáber também reproduz parte desse artigo de FHC e afirma que ele "sinalizou, em um discurso estranho e novo à política nacional, muito assemelhado aos cálculos sociais de marqueteiros americanos, a brecha possível para a emergente *tea partização* do espaço público da política brasileira" (2015, p. 40).

O texto de Fernando Henrique não ficou sem repercussão e foi criticado por Lula, por outros políticos e por cientistas sociais.[69] A despeito dessas e ainda de outras críticas, provenientes até mesmo de seus aliados ideológicos, sua proposta contribuiu para a consolidação dos discursos de ódio à política, ao PT e aos partidos de esquerda. No contexto de sua publicação, formava-se uma espécie de coro ressentido e raivoso, mas tomado como legítimo e legitimador de vozes cada vez mais coléricas, que se lhe foram agregando: "no período de ascensão e queda petista, atacar com a máxima retórica, isenta de responsabilidade, em jornais, blogs ou revistas, o comunismo imaginado do governo, tornou-se um dos modos mais fáceis e oportunos de ganhar dinheiro no mercado dos textos e das ideias no Brasil". Não era preciso mais do que repisar esse pensamento preguiçoso, anacrônico e perverso para engrossar um consenso forjado e fazer sucesso:

Era suficiente reproduzir a rede de ideias comuns e fixadas, com sua linguagem agressiva, indignada artificial, que sustentassem todo dia o mesmo curto circuito do pensamento. Simplificação espetacular e ponto certo no imaginário autoritário, jornalistas, articulistas, programas de TV e de rádio e revistas inteiras passaram, durante anos, a ler as atividades do governo do ponto de vista extremo, limitado, do anticomunismo imaginário. O delírio interessado, farsesco, não conhecia limite, uma vez que se desobrigava radicalmente de checar realidades.[70]

---

69. Lula disse o seguinte: "Nós já tivemos políticos que preferiam cheiro de cavalo que o povo. Agora tem um presidente que diz que precisa não ficar atrás do povão, esquecer o povão. Eu sinceramente não sei como é que alguém estuda tanto e depois quer esquecer do povão". "Lula critica FHC: 'Povão são todos os brasileiros' ", *Rede Brasil Atual*, 14 de abril de 2011. Entre outras críticas de cientistas sociais, ver: Souza, Jessé. A parte de baixo da sociedade brasileira. In: Revista *Interesse nacional*, n. 14, 2011.

70. Ab'Sáber, 2015, p. 41.

Entre o final da primeira e o início da segunda década deste século XXI, vimos a conjunção entre um aumento da circulação da narrativa à "Orvil", um ressurgimento do "homem conservador médio", uma série de reações militares e ultradireitistas contra a CNV e uma adesão de formadores da opinião pública à impostura em torno da ditadura comunista que se estaria instalando no Brasil. A reunião dessas frentes estendeu e consolidou um campo radical que congregava a sanha neoliberal de endinheirados e dos que se tomam como tal, o gozo narcísico protofascista de recém empoderados do *smartphone*, o entusiasmo real da defesa nem sempre sincera da ética pública e da moralidade de comportamento e o ódio antipopular brasileiro. Formava-se uma estranha, mas compreensível, coalizão entre aficionados pelas liberdades individuais e entusiastas da doutrina de segurança nacional e com ela se reforçava cada vez mais a tendência de se recusar a ouvir e de tentar silenciar o pensamento divergente, entre uns, e a de se calar, entre outros. Em nome do combate ao adversário a ser vencido a qualquer custo, passava-se a tolerar e mesmo a legitimar o que sempre deveria ter sido intolerável:

Assim se produzia o campo extremo, algo delirante, em que a luta democrática antipetista encontrava a velha tradição autoritária brasileira. E, por isso, agora que o país, em seu neo-transe, se levanta contra os comunistas inexistentes, em uma ritualização do ódio e da ideologia, elegantes *socialites* peessedebistas e novos empresários *teapartistas* convivem bem, nas ruas, fechando os olhos para o que interessa, com bárbaros defensores de ditadura, homens que discursam armados em cima de trios elétricos, clamando por intervenção militar urgente no Brasil e sonhando com o voto em Jair Bolsonaro.[71]

---

71. Ab'Sáber, 2015, p. 43.

Ultraliberais e anticomunistas, ricos e pobres de direita davam-se as mãos e recebiam apoio tanto da grande mídia quanto de amplos setores do aparato policial. Com a força dessa união, foram arregimentando um considerável apoio popular. Assim, pavimentava-se o caminho para o golpe sofrido por Dilma Rousseff, que tiraria depois de 13 anos o PT da presidência da República. A emergência e os primeiros passos desse intenso movimento, que já se havia entranhado até mesmo em parte das classes populares, não foram organizados nem estiveram diretamente ligados a Bolsonaro. Mas lhe concediam espaço e legitimidade de fala. Ao coro de que provinha o ódio ao PT e a criminalização da esquerda, juntavam-se os gritos anticorrupção. Mesmo que ela não os tenha prendido em sua maioria, a Lava-jato contribuiu para engrossar a desconfiança em relação aos políticos e aos partidos do centro e da direita. A julgar por uma conhecida fotografia em que aparecem reunidos Carlos Wizard, Flávio Rocha, Abílio Diniz, Carlos José Marques, José Serra, Henrique Meirelles, Geraldo Alckmin, Michel Temer, Sérgio Moro e Aécio Neves, estes dois últimos em clima de intimidade e contentamento, o lavajatismo acabou cumprindo à sua revelia um importante papel na detratação de tucanos e afins. Já pouco antes delas, mas principalmente durante as eleições presidenciais de 2018, Bolsonaro passou a encarnar a condição de candidato do "partido da Lava-Jato":

Esse foi o verdadeiro embate dessa eleição, a disputa entre o lulismo e o 'partido da Lava Jato', que encarnava o 'ser contra tudo que está aí', em substituição à antiga polarização entre PT e PSDB. Todas as outras tentativas de construção de discurso e posicionamento na campanha de 2018 se revelaram anódinas, sem impacto, sem relevância, sem capacidade de significância ou de reter a atenção do eleitor.

O candidato do 'partido da Lava Jato' muito dificilmente sairia de uma das siglas partidárias tradicionais de oposição ao PT. Jair Bolsonaro soube se posicionar para ser esse postulante. Apresentou-se como um inimigo visceral do PT e como um político 'diferente de tudo o que está aí', e sustentou um discurso politicamente incorreto e de enfrentamento contra a 'bandidagem', além de uma defesa conservadora dos valores da família cristã.[72]

Usufruindo essa confortável posição, Bolsonaro pôde desfrutar da conveniência de se abster de muitas circunstâncias em que seria obrigado a falar, a debater e a se expor. O candidato do PSL falou relativamente pouco, porque uma série intensa e extensa de práticas e discursos conservadores e reacionários continuava a ecoar fortemente na história brasileira. Falou pouco, porque seu populismo se assentou nesta lógica: para quem já está absolutamente convencido da existência de um inimigo comum e da necessidade de eliminá-lo, qualquer gesto bélico indicador já é suficiente para o sentimento de integração comunitária às "pessoas de bem". A esta e a outras, se soma a de que aos que já estão enredados em um consenso e aos que só precisam entender ordens, aos que só cabe a obediência, meia palavra basta...

A explicação da vitória de Bolsonaro pelo surgimento do "partido da Lava-Jato" não é incorreta, mas também não é suficiente. Ela também não poderia se restringir a mencionar o atentado à faca sofrido pelo candidato do PSL. Segundo a versão da história de alguns cientistas sociais, houve uma série de motivos para que isso ocorresse. "As razões estruturais, as mais importantes, que levaram à sua eleição, já

---

72. Moura e Corbellini, 2019, p. 56–57.

estavam anteriormente estabelecidas: (1) a desmoralização das elites políticas e do conjunto do sistema partidário tradicional provocada pela Lava-Jato (talvez essa seja a maior herança da operação sob a perspectiva do eleitor)"; mas também "(2) o aprofundamento da crise na segurança, que adquire o status de maior problema nacional na percepção da opinião pública"; e ainda "(3) o crescimento da importância das redes sociais, particularmente do WhatsApp como nova plataforma de comunicação, que revoluciona a competição eleitoral e o modo de fazer campanha política no Brasil".[73]

Não é preciso que subscrevamos integralmente a ideia de que essas teriam sido as "razões estruturais mais importantes". Também não é necessário que pretendamos dar uma resposta completa e definitiva a esta questão que formulamos acima: como Bolsonaro pôde falar tão pouco e mesmo assim vencer as eleições? A despeito disso, podemos arrolar um conjunto de fatores que, articulados com os que já mencionamos, concorreram fundamentalmente para a condução de Bolsonaro à presidência da República. Esses fatores podem ser mais ou menos divididos em estruturais, conjunturais e eventuais. Julgamos que a razão estrutural mais decisiva resida no fato de a sociedade brasileira ser histórica e profundamente injusta e desigual. É por isso que em seu interior grassam os ataques às práticas e aos discursos que visam à sua transformação, sem que lhes seja questionada a legitimidade, mesmo em suas manifestações mais violentas.

---

73. Moura e Corbellini, 2019, p. 30.

Herdamos de um dos episódios mais trágicos de nossa história uma terrível indiferença com o sofrimento "da parte de baixo" da população do Brasil: "A escravidão legou-nos uma insensibilidade, um descompromisso com a sorte da maioria que está na raiz da estratégia das classes mais favorecidas, hoje, de se isolar, criar um mundo só para elas, onde a segurança está privatizada, a escola está privatizada, a saúde".[74] Já o legado de outro abominável acontecimento, a ditadura civil-militar de 64, cujos agentes não foram julgados e punidos, foi a aceitação do inadmissível: a possibilidade de ampla circulação de uma narrativa que promove um aumento progressivo na recepção de discursos de ódio e de atos violentos. A essa estrutura de desigualdades e injustiças se soma uma série de fatores conjunturais.

Entre esses fatores, encontra-se a cessão do otimismo que frequentou o Brasil durante os dois mandatos de Lula: "A sequência de superações que durante algum tempo deu a sensação de que o país decolava rumo ao primeiro mundo pode ter chegado a seu limite, respeitadas as balizas da ordem atual. Esgotada a conjuntura internacional favorável, em especial a bonança das 'commodities', o dinheiro necessário a novos avanços desapareceu, interrompendo o processo de integração nacional e seu clima de otimismo".[75] O entusiasmo cedeu à crença pessimista na pior crise pela qual o país já teria passado. Nela se deu a disseminação do consenso segundo o qual haveria um completo esgotamento político das gestões do PT, que contribuía para o recrudescimento da demonização do campo político, para a radicalização da direita e

---

74. Luiz Felipe de Alencastro citado por Schwarz, 2019.
75. Schwarz, 2019.

para a consequente expansão da extrema-direita. A postura e a resposta discursiva de Bolsonaro estavam bem mais sintonizadas com essa conjuntura: "o discurso de Haddad mirava demais no passado, enquanto o de Bolsonaro falava de uma ruptura com o presente: fazer algo 'diferente de tudo o que está aí'. O adversário de Haddad era o 'golpe que impediu Lula de ser candidato' e sua utopia, o governo que iria 'trazer o Brasil de Lula de volta'. Os adversários de Bolsonaro eram os políticos corruptos e a 'bandidagem', e a sua utopia, o governo de um presidente honesto, que garantisse mais segurança nas ruas e que protegesse a 'inocência de nossas crianças' ".[76]

Enfim, quanto aos fatores eventuais, há entre outros os seguintes: o revanchismo de Aécio Neves, depois de sua derrota nas eleições presidenciais de 2014. Ao retratar a birra inconsequente e cheia de consequências de Aécio, Criolo escreveu estes versos em uma de suas canções: "Este abismo social requer atenção/ Foco, força e fé, já falou meu irmão/ Meninos mimados não podem reger a nação/ Meninos mimados não podem reger a nação". À molecagem de Aécio se conjugou o aumento das operações da Lava-Jato já nos primeiros meses do segundo mandato de Dilma Rousseff, cujo principal alvo era composto por políticos do PT, e as prisões de políticos petistas ao longo de todo ano de 2015. Daí, em conjunto com tudo mais que relatamos acima, viria o golpe jurídico e parlamentar sofrido por Dilma Rousseff em 2016. Também ocorreram a adesão elitista de primeira hora dos órfãos do PSDB à candidatura de Bolsonaro, com seu poder

---

76. Moura e Corbellini, 2019, p. 107–108).

de disseminar consensos e formar a opinião pública,[77] e toda consonância das posições econômicas do programa do candidato do PSL com o atual e hegemônico neoliberalismo meritocrático e financista.[78]

Aos fatores eventuais ainda se somam estes outros: a série composta pelas acusações, julgamentos e prisão de Lula, com uma enorme e parcial cobertura midiática; o atentado sofrido por Bolsonaro em Juiz de Fora no dia 06 de setembro de 2018 e toda sua imensa repercussão em todos os veículos da mídia brasileira e em todas as redes sociais.[79] Tudo sem mencionar o fato decisivo de ele não ter sido punido severamente tanto

---

[77]. "Segundo diversas pesquisas públicas, os eleitores que 'fidelizaram' mais cedo [à candidatura de Bolsonaro] foram os das classes A e B, de maior renda e escolaridade, sobretudo homens moradores de grandes centros urbanos. Todos os indícios apontavam para um grupo 'órfão' do PSDB". (Moura e Corbellini, 2019, p. 91)

[78]. "Há bastante em comum entre a vitória eleitoral de Bolsonaro, em 2018, e o golpe de 1964. Nos dois casos, um programa francamente pró-capital mobilizou, para viabilizar-se, o fundo regressivo da sociedade brasileira, descontente com os rumos liberais da civilização. (...) Cinquenta anos atrás, quem marchava com Deus, pela família e a propriedade, eram os preteridos pela modernização, representativos do Brasil antigo, que lutava para não desaparecer, mesmo sendo vencedor. É como se a vitória da direita, com seu baú de ideias obsoletas, não bastasse para desmentir a tendência favorável da história. Apesar da derrota do campo adiantado, continuava possível – assim parecia – apostar no trabalho do tempo e na existência do progresso e do futuro. Ao passo que o neoatraso do bolsonarismo, igualmente escandaloso, é de outro tipo e está longe de ser dessueto. A deslaicização da política, a teologia da prosperidade, as armas de fogo na vida civil, o ataque aos radares nas estradas, o ódio aos trabalhadores organizados etc. não são velharias nem são de outro tempo. São antissociais, mas nasceram no terreno da sociedade contemporânea, no vácuo deixado pela falência do Estado. É bem possível que estejam em nosso futuro, caso em que os ultrapassados seríamos nós, os esclarecidos. Sem esquecer que os faróis da modernidade mundial perderam muito de sua luz." (Schwarz, 2019).

[79]. "O episódio trouxe benefícios eleitorais e políticos evidentes a Bolsonaro. As notícias sobre seu estado de saúde tiveram ampla cobertura de televisão" (Moura e Corbellini, 2019, p. 93)

pelas quebras de decoro, pelos discursos discriminatórios, pelas ameaças e pelas incitações à violência, quanto pelas acusações de nepotismo, de uso de dinheiro público para pagamento de despesas privadas e de utilização de verbas privadas para custear gastos da campanha eleitoral.[80] Essa ausência de punições foi fundamental para fazer de Bolsonaro um "mito", uma entidade ilibada, que veio salvar o país da degeneração total e que quase foi morto por forças do mal que ele veio combater... Se tudo isso já não bastasse, houve ainda a evasão de Ciro Gomes depois do primeiro turno das eleições...

O PRESIDENTE DE PALAVRA VÃ E
A NECROPOLÍTICA NA PRESIDÊNCIA

Vimos até aqui uma amostra das principais coisas ditas por Bolsonaro e de seus mais recorrentes modos de dizer, desde quando ele ainda era um ganancioso capitão do exército, passando pelo seu curto mandato como vereador no Rio de Janeiro e por seus vários mandatos como deputado federal, até sua condição de candidato à presidência da República nas eleições de 2018. Subsidiado por essa conjunção de fatores estruturais, conjunturais e eventuais que acabamos de mencionar, o Bolsonaro orador pôde sair vitorioso desta sua última e mais ambiciosa empreitada. A oratória agressiva, a retórica reacionária e os discursos violentos, que chegaram a anunciar a eliminação de adversários, foram e continuam a ser traços marcantes da linguagem do presidente. Isso não significa que não tenham havido mudanças em sua trajetó-

---

80. Sobre acusações de crimes relativos à ética e à corrupção, ver o capítulo "Questão de ética" de Saint-Clair (2018, p. 131–158).

ria. Os contrastes entre o deputado falastrão, mas também sádico e indecoroso, e o candidato lacônico, mas também colérico e incitador ao ódio, são provas dessas modificações.

Esta já longa história de um Bolsonaro que fala às massas e a outros setores sociais em uma língua ora mais ora menos manifestamente carregada com as marcas de um nosso fascismo tupiniquim cotidiano poderia sem mais demora chegar ao seu fim. Antes disso, porém, dedicaremos uma última e sucinta reflexão sobre as relações entre a linguagem e a verdade em pronunciamentos mais recentes de Bolsonaro e sobre os nefastos efeitos que eles têm promovido ou intensificado na sociedade brasileira. Para tanto, apenas reproduziremos e comentaremos brevemente alguns trechos de sua primeira "live" e de sua primeira intervenção na tevê, realizadas logo após o anúncio de sua vitória nas eleições presidenciais, e algumas de suas declarações no contexto da pandemia provocada pelo coronavírus.

No domingo, dia 28 de outubro de 2018, depois de consumado seu último e mais importante triunfo eleitoral, as primeiras palavras de Bolsonaro não foram pronunciadas em um recinto público ou na sede de seu partido. Sua primeira intervenção foi realizada em sua sala de estar, por meio de uma "*live*" via *Facebook*. Nada surpreendente.[81] Esta foi a via

---

81. Bolsonaro já fora considerado "um fenômeno na internet" (Saint-Clair, 2018) e o pleito presidencial vencido por ele, "a eleição do WhatsApp" (Moura e Corbellini, 2019). Além disso, analistas já apontaram certa tendência de usos distintos de cada uma das redes sociais: "Usa diferentes canais, com discursos diferentes dirigidos a diferentes públicos, explica Francisco Carvalho de Brito, diretor do *Internet Lab*, consultoria de direito e tecnologia. 'Bolsonaro usa o FB para divulgar sua agenda, para falar com suas bases, que não confiam na grande mídia. Quando quer moderar seu discurso, concorda em dar entrevistas para a televisão para enviar sinais aos mercados, às institui-

em que ele havia se refugiado praticamente durante toda sua campanha. Sentado junto a uma mesa e ladeado por sua esposa, Michelle Bolsonaro, à sua direita, e por uma intérprete de Libras, à sua esquerda, Bolsonaro disse o seguinte:

Os médicos e demais profissionais de saúde da Santa Casa de Juiz de Fora e do Hospital Albert Einstein, em São Paulo, operaram um verdadeiro milagre, mantendo a minha vida.

Fizemos uma campanha não diferente dos outros, mas como deveria ser feita. Afinal de contas, a nossa bandeira, o nosso slogan, eu fui buscar no que muitos chamam de caixa de ferramentas para consertar o homem e a mulher, que é a Bíblia sagrada. Fomos em João, 8, 32: "E conhecereis a Verdade e a Verdade vos libertará". Nós temos que nos acostumar a conviver com a verdade. A verdade tem de começar a valer dentro dos lares até o ponto mais alto, que é a presidência da República.

Graças a Deus, essa verdade o povo entendeu perfeitamente.

Nada mais gratificante do que quando estive em Manacapuru, coração do Amazonas, conversando com pessoas simples, mas que tinham sede de conhecer a verdade e de conversar com alguém que realmente os tratava com o devido respeito e consideração.

Minutos mais tarde, ocorreria seu primeiro pronunciamento na TV, realizado também ele em sua casa na Barra da Tijuca no Rio de Janeiro. Desta vez, Bolsonaro está de pé e, além de sua esposa e da intérprete de Libras, estão ao seu lado ou logo às suas costas o senador e pastor evangélico Magno Malta, um dos coordenadores da campanha, Gustavo Bebbiano, e os deputados federais recém-eleitos, Alexandre

---

ções ... Ele usa o *Twitter* para responder rapidamente às questões (polêmicas). Usa os grupos de WhatsApp como fã-clubes em que se pode fazer parte da sua rede". Gortázar, Naiara Galarraga. "Bolsonaro, um candidato que cresceu no Facebook e não quer sair de lá", jornal *El país*, 26 de outubro de 2018.

Frota e Hélio Lopes, entre outros apoiadores. Desde que o microfone do repórter que está ali presente consegue captar uma fala breve e introdutória de Bolsonaro, que já está em curso, percebemos que ele está fazendo referência a Magno Malta e agradecendo-o pela "aproximação com evangélicos, com católicos e com as demais religiões". Ele diz ainda "Agradecer a Deus e pedir sabedoria pra que nós possamos continuar nessa jornada rumo a presidência da República", antes de passar a palavra ao senador evangélico, que faz uma oração durante cerca de 2 minutos e meio. Encerrada a prece, depois desta fala do repórter, "Estamos ao vivo aqui com o presidente eleito do Brasil, Jair Messias Bolsonaro. Eu falo representando o pool de emissoras de televisão. Parabéns pela votação...", Bolsonaro faz este pronunciamento:

Muito obrigado.

Primeiro, queria agradecer a Deus, que pelas mãos de homens e mulheres da Santa Casa de Misericórdia de Juiz de Fora, bem como do Albert Einstein, em São Paulo, me deixaram vivo. Com toda a certeza, essa é uma missão de Deus.

"Conhecereis a Verdade e a Verdade vos libertará"

Faço de vocês minhas testemunhas de que esse governo será um defensor da Constituição, da democracia e da liberdade. Isso é uma promessa; não de um partido. Não é a palavra vã de homem. É um juramento a Deus. A verdade vai libertar esse grande país, a liberdade vai nos transformar em uma grande nação. A verdade foi um farol, que nos guiou até aqui e que vai seguir iluminando o nosso caminho.

No início das duas falas, há uma vez mais a repisada alusão ao atentado que sofrera e à sua recuperação, o que lhe dá ensejo para mostrar-se grato aos profissionais de saúde, como intermediários, e a Deus, em primeira e última instância. Com a caução divina, que operou "um verdadeiro milagre" para que ele pudesse cumprir "uma missão de Deus", Bolsonaro prossegue, expressando sua obsessão pela verdade. Nesses dois curtos excertos, a palavra "verdade" é repetida 10 vezes. O versículo bíblico transformado em mais um *slogan* de campanha é mencionado nos dois pronunciamentos. No primeiro deles, a verdade, sobejamente conhecida pelo presidente recém-eleito, torna-se algo que se deve impor: "Nós temos que nos acostumar a conviver com a verdade. A verdade tem de começar a valer dentro dos lares até o ponto mais alto, que é a presidência da República". Bolsonaro já a conhece e professa, por isso, em que pese o uso da primeira pessoa do plural no primeiro enunciado, ele próprio se exclui do grupo dos que ainda não estão acostumados com ela. Agora, com sua presença, na qual o verbo faz-se carne, a verdade começará a valer na presidência.

Particularmente, no pronunciamento transmitido pela televisão, além das reiteradas ocorrências do termo "verdade", há uma passagem em que a obsessão bolsonarista com a verdade torna-se ainda mais manifesta. Trata-se deste juramento: "Faço de vocês minhas testemunhas de que esse governo será um defensor da Constituição, da democracia e da liberdade. Isso é uma promessa; não de um partido. Não é a palavra vã de homem. É um juramento a Deus". A instituição das "testemunhas", a indicação da "promessa", a denegação da "palavra vã" e a asserção do "juramento a Deus" produzem uma saturação na garantia que se pretende outorgar ao que é proferido. De modo geral, já fomos ensinados a ler o excesso como sintoma da falta. Vimos aqui que, com Bolsonaro, algo semelhante já se processara em sua insistência nas obsessivas demonstrações de coragem e virilidade e também em não poucas simulações de humildade.

O juramento é o remédio contra o flagelo da violação da palavra dada. Sua função consiste em tentar garantir a verdade do que é dito, justamente porque sabemos que a linguagem humana nos permite dizer a verdade, mas também mentir e guardar segredos, porque, diferentemente da linguagem divina, que faz o que diz no próprio ato de dizer, na dos humanos não há correspondência necessária entre palavras e coisas, falas e ações. Ele destina-se a impedir a desconfiança e a assegurar a verdade de uma asserção ou de uma promessa. Mesmo já antes de um crescente e relativo "desencantamento do mundo", o juramento se marcava menos pela ira do Deus em nome do qual se jura do que pela busca por subtrair a palavra de seu uso ordinário e pouco confiável, com vistas a torná-la digna de fé. Assim, ocorre uma desoneração dos riscos implicados na checagem da palavra dada, uma vez que, se o juramento garante que o sujeito diz a verdade, sua fala dispensa a verificação de correspondência com o que foi dito e feito antes e a averiguação de equivalência com o que será dito e feitos depois.[82]

Em sua promessa, Bolsonaro evoca o testemunho de Deus e lhe dirige seu juramento: "É um juramento a Deus". Independentemente de uma crença cristã real ou simulada, considerando o histórico das absolvições e das penas leves de que Bolsonaro se beneficiou tanto em sua carreira militar quanto na política, se poderia dizer que ele tem razões para

---

[82]. As ideias aqui expostas sobre o juramento provêm de: Agamben, Giorgio. *O sacramento da linguagem: arqueologia do juramento*. Belo Horizonte: Editora UFMG, 2011.

depositar pouca fé na justiça ou para temer as devidas punições que ela lhe poderia infligir. O testemunho e o endereçamento a Deus são convenientes, se pensarmos que eles não podem de fato contestar o que foi afirmado por quem jurou e que lhe dão garantia de que se diz a verdade. Não há, portanto, motivo para recear tomar o santo nome em vão nem para apresentar versões alternativas dos fatos. Já se disse que o juramento "é o compromisso mais grave que um homem pode contratar e a falta mais grave que pode cometer, pois o perjuro depende não da justiça dos homens, mas da sanção divina".[83] Um lastro favorável de impunidades pode tirar totalmente a gravidade desse compromisso e dessa falta.

A promessa de Bolsonaro pode ser lida como seu avesso. Ora, ele toma o santo nome de Deus em vão. Além disso, sua história está repleta de casos em que ele não fez o que disse ou em que ele disse e desdisse o dito sem maiores pudores. Finalmente, ele não parece temer o castigo por fazê-lo, porque foi muitas vezes perdoado. Sua jura, iniciada com um sintomático verbo "fazer", no presente do indicativo da primeira pessoa do singular, é um perfeito paradigma de um ato de fala performativo. Bolsonaro fala e faz de seus interlocutores as testemunhas do que diz, de modo que àqueles a quem ele se dirige não cabe resposta e menos ainda contestação. Os atos de fala performativos caracterizam-se não somente porque produzem a ação que expressam no enunciado, mas também porque são atos de linguagem autorreferenciais, ou seja, em vez de proferirem uma constatação sobre um estado

---

83. Benveniste, Emile. A blasfêmia e a eufemia. In: *Problemas de linguística geral*. Vol. II. Campinas: Pontes, 1989, p. 260–261.

de coisas no mundo, tomam a si mesmos como referentes. Eles remetem a uma realidade que eles mesmos constituem. Assim, dispensam a verificação.

Nada poderia ser mais conveniente a Bolsonaro. O recém-eleito presidente da República não formula um enunciado promissório: "Esse governo será um defensor da Constituição, da democracia e da liberdade". Essa sua afirmação é precedida por um e sucedida por outro enunciado performativo: pelo que institui as testemunhas e pelo que estabelece seu próprio juramento. Sem eles, o que disse Bolsonaro poderia ser passível de checagem. Com sua presença, pretende-se suspender a possibilidade de verificação, como se o *factum* já estivesse no próprio *dictum*.[84] Ao formular o enunciado como o fez, é como se Bolsonaro dissesse: "Estou dizendo que digo a verdade. Não é preciso verificar". Ou como no chiste, neste caso, trágico: *La garantía soy yo*. Não somente busca dispensar a averiguação do que diz, mas também tenta impedi-la. No dia 05 de maio de 2020, já em seu segundo ano de mandato, ao ser questionado por jornalistas de *O Estado de São Paulo* e da *Folha de S. Paulo* sobre sua suposta interferência na Polícia Federal, eis sua resposta: "Cala a boca, não perguntei nada! Cala a boca! Cala a boca!"[85]

---

[84]. Trata-se aí da distinção entre asserção e veridição: "Enquanto a asserção tem um valor essencialmente denotativo, cuja verdade, no momento de sua formulação, é independente do sujeito e se mede com parâmetros lógicos e objetivos (condições de verdade, não contradição, adequação entre palavras e realidade), na veridição o sujeito se constitui e se põe em jogo como tal, vinculando-se performativamente à verdade da própria afirmação". (Agamben, 2011, p. 68).

[85]. Della Coletta, Ricardo. "Bolsonaro manda repórteres calarem a boca, ataca a *Folha* e nega interferência na PF", *Folha de S. Paulo*, 05 de maio de 2020. Os veículos de imprensa em que trabalham os repórteres que tiveram de

Nas falas de Bolsonaro, há uma vasta coleção de negacionismos: "Não pleiteio aumento salarial"; "Eu não tenho nada a ver com isso", "Não há mudança climática", "O nazismo não é de direita", "Num é palavra minha, não", "Não é a palavra vã de homem", "Nunca quis interferir na Polícia Federal" etc. etc. A ela se soma o autoritarismo, bem representado pelo "Cala boca!" e afins, e a ambos não raramente se associa a grosseria. Esta última, para ficarmos apenas em dois casos, se manifestou no insulto dirigido à jornalista Patrícia Campos Mello, da *Folha de S. Paulo*, quando no dia 18 de fevereiro disse "Ela queria dar o furo",[86] seguido por seu próprio riso e pelos risos de sua claque; e na defesa de seus familiares e amigos em uma infame reunião ministerial, ocorrida em 22 de abril de 2020, na qual afirmou "Eu não vou esperar foder a minha família toda, de sacanagem, ou amigos meu".[87] Negacionismo e

---

lidar com a estupidez de Bolsonaro são os que já disseram que a disputa entre Bolsonaro e Haddad impunha uma escolha difícil e que a ditadura brasileira não teria sido tão dura assim...

86. Uribe, Gustavo. "Bolsonaro insulta repórter da *Folha* com insinuação sexual", *Folha de S. Paulo*, 18 de fevereiro de 2020. O insulto parecia desempenhar uma vez mais o papel de cortiça de fumaça, além de ser um gesto de vingança: "Em 18 de fevereiro, o antipresidente Jair Bolsonaro precisava tirar o foco da morte do miliciano Adriano da Nóbrega, pessoa-chave para esclarecer o esquema de "rachadinhas" no gabinete de Flávio Bolsonaro, a relação da família Bolsonaro com as milícias que atuam no Rio de Janeiro e também quem mandou matar Marielle Franco – e por quê. A eliminação de Nóbrega, com vários indícios de execução, voltava a colocar em destaque as relações dos Bolsonaros com as milícias. Era preciso desviar a atenção. Como de hábito, Bolsonaro usou o velho truque: criou um novo fato ao atacar a jornalista Patrícia Campos Mello, da *Folha de S. Paulo*. A repórter, uma das mais competentes da sua geração, estava entre os jornalistas que denunciaram o uso fraudulento de nomes e CPFs para disparos de mensagens no WhatsApp em benefício de Bolsonaro." Brun, Eliane. "Por que Bolsonaro tem problemas com furos", jornal *El país*, 11 de março de 2020.

87. A reprodução na íntegra da reunião ministerial pode ser lida em "Leia a íntegra da reunião ministerial de 22 de abril", *Uol*, Política, 22 de maio de 2020.

grosseria estavam ali mais do que nunca de mãos dadas. Mas, a mentira também não esteve ausente de suas intervenções.

Ainda em seu primeiro mês de governo, no dia 22 de janeiro de 2019, Bolsonaro fez o discurso de abertura do Fórum Econômico Mundial de Davos. Inicialmente, o tempo de que ele poderia dispor para seu pronunciamento era de 45 minutos. Sua equipe informou a organização do Fórum que ele não precisaria de mais do que 30 minutos. Em uma fala "relâmpago", Bolsonaro não se estendeu nem sequer por 7 minutos. Basicamente, sua intervenção consistiu em uma promessa de bons negócios para capitalistas e financistas do Brasil e, principalmente, do mundo. A postura e a movimentação do presidente faziam parecer que ele estava engessado e a leitura do texto de sua fala no *teleprompter* foi sofrível. Enquanto seus apoiadores louvaram sua fala, muitos outros consideraram que o breve discurso do presidente foi superficial e decepcionou.[88]

---

[88]. Ao registrarem seus comentários ao duvidoso texto de Reinaldo Polito, em que seu autor se esforça para encontrar méritos no desempenho oratório de Bolsonaro, intitulado "Bolsonaro não comprometeu em Davos, mas precisa de treino para falar bem", publicado no portal Uol no dia seguinte ao discurso de Bolsonaro, seus apoiadores disseram: "Militar fala pouco mas sabe o que diz não fala aboborinhas e nem se estende para chamar atenção Parabéns Presidente continue com sua oratoria", "BLÁ BLÁ BLÁ PAPO FURADO. BOLSONARO TEM DISCURSO SIMPLES, ENXUTO, VERDADEIRO E EFICAZ. e de que adiantavam os discursos de lula recheados de piadinhas, marotagem e pura mentira pra depois inverter tudo e roubar? e os discursos malucos sem nexo e mentirosos de dilma? ou entao os reais mestres do discurso e dominantes da oratória como temer e renan que só mentem e enrrolam?", "Vcs deveriam parar de encher o saco do presidente, Não perceberam que o presidente é prático e direto, sem mínimi e papo furado. Ele é direto e objetivo, coisa que todos deveriam seguir". Já as manchetes de não poucos veículos da impressa indicavam o inverso: "O breve discurso de Bolsonaro decepciona em Davos"(Jornal *El país*, 23 de janeiro de 2019), "Para especialistas, discurso de Bolsonaro em Davos foi superficial" (Jornal *Estado de Minas*, 23 de janeiro de 2019), "Bolsonaro faz discurso genérico em Davos" (portal *G1*, 22 de janeiro de 2019)

Por meio dessa sua medíocre performance oratória, podíamos ouvir os versos de uma famosa canção de Raul Seixas: "A solução pro nosso povo eu vou dá / Negócio bom assim ninguém nunca viu / Tá tudo pronto aqui é só vim pegar / A solução é alugar o Brasil / Nós não vamo paga nada / Nós não vamo paga nada / É tudo *free* / Tá na hora agora é *free* / Vamo embora / Dá lugar pros gringo entrar / Esse imóvel tá pra alugar ah ah ah ah".[89] Enquanto a ironia de Raul Seixas ainda dizia "Os estrangeiros eu sei que eles vão gostar / Tem o Atlântico tem vista pro mar / A Amazônia é o jardim do quintal / E o dólar dele paga o nosso mingau", a convicção de Bolsonaro afirmava "Conheçam a nossa Amazônia, nossas praias, nossas cidades e nosso Pantanal. O Brasil é um paraíso, mas ainda é pouco conhecido!" Logo depois desse seu convite, ele não se acanhou em afirmar que "Somos o país que mais preserva o meio ambiente". Aproximadamente, seis meses mais tarde, quando o então diretor do Instituto Nacional de Pesquisas Espaciais (INPE), Ricardo Galvão, divulgou números que revelavam um aumento exponencial de desmatamento na Amazônia, Bolsonaro o acusou de estar mentindo e o exonerou de seu cargo.[90]

Ao final de seu primeiro mandato, depois de negacionismos e agressões verbais, grosserias e mentiras, os partidários resolutos de Bolsonaro, mas também grandes veículos de comunicação do Brasil ainda continuavam a considerá-lo um "presidente sem filtro".[91] Dois meses mais tarde, a pande-

---

89. "Aluga-se". Composição de Claudio Roberto Andrade De Azeredo e Raul Seixas. Álbum *Abra-te Sésamo*. Warner Chappell Music, 1980.
90. Brant, Danielle; Watanabe, Phillippe. "Diretor do INPE será exonerado após críticas do governo a dados do desmate", *Folha de S. Paulo*, 02 de agosto de 2019.
91. Revista *Veja*. Edição 2.666, ano 52, n. 52, 25 de dezembro de 2019.

mia do coronavírus chegaria ao Brasil.[92] Além do tenebroso saldo de dezenas de milhares de mortes em apenas poucos meses, assistimos a um tenebroso encontro entre negacionismo renitente da doença, manifestações antidemocráticas e incitação da violência contra a imprensa e o setor da saúde. No dia 17 de março, foi confirmada a primeira morte no país. Pouco mais de quatro meses depois, mais de 50 mil pessoas haviam morrido pela Covid-19.

Enquanto essas milhares de vidas eram ceifadas, Bolsonaro produzia uma série sinistra de ações e declarações que concorreram para esse aumento exponencial de mortes. Ele estimulou a participação e tomou parte em eventos que eram ao mesmo tempo atos de apoio a seu governo e protestos contra instituições democráticas, nos quais os manifestantes pediam o fechamento do Congresso e do STF e uma intervenção militar, em completo desrespeito às recomendações da Organização Mundial da Saúde de isolamento social, de não aglomeração e de uso de máscaras de proteção em locais públicos. Bolsonaro ainda não revelou o resultado de seus exames para o diagnóstico da doença, recomendou o uso de medicamento de eficácia não comprovada e demitiu dois ministros da Saúde, que não subscreveram integralmente seus desserviços à saúde pública. Tentou, enfim, omitir dados de casos e de mortes por coronavírus, que deveriam ser divulgados pelo Ministério da Saúde. Todas essas atitudes, que mesclam irresponsabilidade, incompetência e desgoverno,

---

92. "O Ministério da Saúde confirmou, nesta quarta-feira (26/2), o primeiro caso de novo coronavírus em São Paulo. O homem de 61 anos deu entrada no Hospital Israelita Albert Einstein, nesta terça-feira (25/2), com histórico de viagem para Itália, região da Lombardia." Disponível no site do Ministério da Saúde.

sem dúvida, contribuíram para o elevadíssimo número de mortes no Brasil. Além delas, outras ações e afirmações de Bolsonaro durante esse período misturaram o desatino e o tripúdio, o descompromisso e o delito.

Enquanto multiplicavam-se os mortos, sempre sem máscara e sem se distanciar de seu séquito, o presidente anunciou um churrasco e uma "pelada", passeou de *jet ski* no Lago Paranoá, treinou tiros e fez uma cavalgada. Na contramão do respeito pela vida e por tantas mortes, Bolsonaro ainda produziu uma longa, desastrosa e já bem conhecida sequência de declarações. Entre outras, relembremos as seguintes:

Não podemos entrar em uma neurose como se fosse o fim do mundo. Outros vírus mais perigosos aconteceram no passado e não tivemos essa crise toda. Com toda certeza há um interesse econômico nisso tudo para que se chegue a essa histeria.

Esse vírus trouxe uma certa histeria. Tem alguns governadores, no meu entender, posso até estar errado, que estão tomando medidas que vão prejudicar e muito a nossa economia

Depois da facada, não vai ser uma gripezinha que vai me derrubar, não, tá ok?

Se for todo mundo com coronavírus, é sinal de que tem estado que está fraudando a *causa mortis* daquelas pessoas, querendo fazer um uso político de números. (...) Em São Paulo não estou acreditando nesses números.

Ô, ô, ô, cara. Quem fala de... eu não sou coveiro, tá?

Alguns vão morrer? Vão, ué, lamento. Essa é a vida.

E daí? Lamento. Quer que eu faça o quê? Eu sou Messias, mas não faço milagre.

Em uma rápida observação, percebemos que há aí acusação de histeria, negação da doença e de seus riscos, insinuação de conspiração, visão exclusivamente economicista, minimização de sua gravidade, sugestão de fraude, desoneração de responsabilidade, lamento desmentido e piada infame. Também a falta de empatia de Bolsonaro salta aos olhos, a ponto de não poucos analistas acreditarem existir uma psicopatia em seu comportamento.[93] Como fica igualmente bastante claro nesta sua declaração, a principal preocupação do presidente não é com as vidas perdidas, mas com tudo o que possa desobrigá-lo de ter de responder por suas ações: "Querer colocar a culpa de uma possível expansão do vírus na minha pessoa porque vim saudar alguns na frente da Presidência da República, em um movimento que eu não convoquei, é querer se ver livre da responsabilidade. Se eu me contaminei, isso é responsabilidade minha". Uma vez mais, Bolsonaro mente e se desincumbe de sua carga: ele efetivamente havia participado da convocação para as manifestações antidemocráticas e sua presença naqueles atos demonstrava sua total irresponsabilidade pública. Isso tudo sem ainda mencionar a "live" na qual estimulou seus partidários a invadir hospitais, em busca de provas de que os números de enfermos, de mortos e de gastos eram excessivos:

Tem hospital de campanha perto de você, hospital público, arranja uma maneira de entrar e filmar. Muita gente está fazendo isso e mais gente tem que fazer para mostrar se os leitos estão ocupados ou não. Se os gastos são compatíveis ou não. Isso nos ajuda.

O presidente agora fala para se desresponsabilizar, para fomentar conluios, para dar comandos criminosos e para emplacar uma narrativa única no meio da pandemia. Vimos que

---

93. Bächtold, Felipe; Arcanjo, Daniela. "Psicanalistas veem Bolsonaro com atitude paranoica e onipotente diante da pandemia", *Folha de S. Paulo*, 04 de abril de 2020; e Gragnani, Juliana. "Coronavírus: Falta de empatia de Bolsonaro com mortes por covid-19 parece psicopatia", BBC *News*, 08 de junho de 2020.

esta não é primeira vez que isso ocorre. Ao longo de sua breve carreira militar e de sua longa trajetória política, ele já falou para se descomprometer, para detratar e tentar eliminar adversários tornados inimigos e criminosos, para incitar a violência ao outro, para calá-lo simbólica e fisicamente. Suas falas fomentam direta e indiretamente a violência. Desde sua ascensão do baixo clero político, as já muito agressivas, mas ainda, digamos, institucionais, falas de Bolsonaro promoveram um grande aumento da violência verbal entre apoiadores. Nesse sentido, houve uma chocante ampliação do número de sites neonazistas durante o atual governo de extrema direita.[94] Além dessa expansão da violência verbal, assistimos atônitos e indignados ao crescimento de atos de violência propriamente ditos: repórteres e profissionais da saúde foram agredidos, policiais foram filmados agredindo e torturando jovens negros e pobres. Ante esse recrudescimento dos abusos e da brutalidade, o Ministério da Família, da Mulher e dos Direitos Humanos excluiu os casos de violência policial do relatório anual sobre violações de direitos humanos.

Com Bolsonaro, a necropolítica chegou resolutamente à presidência da República. Pelo histórico de sua obra, mas, sobretudo, por sua desastrosa atuação durante a maior crise sanitária do século XXI, sua gestão é acusada de ser um governo contra a vida.[95] De fato, o vereador populista já pregava a necessidade de políticas que buscassem impedir famílias pobres de terem filhos, em um pensamento no qual sem

---

[94]. Alessi, Gil; Hofmeister, Naira. "Sites neonazistas crescem no Brasil espelhados no discurso de Bolsonaro, aponta ONG", jornal *El país*, 09 de junho de 2020.

[95]. Nunes, Rodrigo. "O país de um futuro pior", *Folha de S. Paulo*, Ilustríssima, 21 de junho de 2020, p. B11 e B12; e Solano, Esther. "Mortos e mais mortos", *Carta Capital*, n. 1111. 24 de junho de 2020, p. 19.

disfarce se articulam pobreza, negritude e criminalidade. Já o deputado falastrão dizia que a ditadura matou pouco e que deveriam ter morrido ao menos uns 30 mil. Mais recentemente, o candidato lacônico, fora da televisão, em que expunha sua versão um pouco menos bárbara, afirmava que era preciso fuzilar inimigos e desová-los na "ponta da praia". Frente a milhares de mortos, o presidente disse: "E daí?". Bolsonaro intensifica e desempenha assim um papel fundamental no funcionamento desse sistema em que o Estado e o capital decidem quem pode viver e quem deve morrer.

No "fascismo eterno, não há luta pela vida, mas antes 'vida para a luta' ".[96] A natureza bélica fascista encontra na história do Brasil os genocídios perpetrados contra negros e indígenas, contra empobrecidos e marginalizados, a herança das impunidades de quem manda e de quem executa as ações violentas e fatais via aparato policial e a intensa e extensa circulação de narrativas que não só toleram a intolerável selvageria, mas também estimulam o uso da força bruta sobre quem pode menos. Assim, práticas e discursos já antigos construíram a normalização do sofrimento e da morte dos sujeitos da parte de baixo da sociedade brasileira. Outros mais ou menos recentes consolidaram a naturalização de que devemos nos submeter a muitas dores em nome da economia. Sua junção em um contexto de colapso sanitário é a crônica de uma tragédia anunciada e consumada. Um enorme percentual dessas mortes é de responsabilidade do governo Bolsonaro. Para tentar escapar da culpa que lhe deveria pesar sobre os ombros e em sua consciência, a presidência da República emprega um seu expediente conhecido: uma soma de mentiras e segredos.

---

96. Eco, 2018, p. 52.

Amparado no suposto dilema entre a saúde ou a economia, Bolsonaro consegue em boa medida emplacar a mentira de que a recessão econômica, os altos índices de desemprego, as dificuldades das classes médias e as penúrias dos pobres é culpa da pandemia e a de que a solução é sacrificar o relativo bem-estar físico em benefício da retomada do crescimento econômico a ser revertido em melhora das condições de vida para todos. Noutros termos, é a promessa sempre feita e nunca cumprida por aqui de fazer crescer o bolo para depois dividi-lo. Ela está destinada a se cumprir ainda menos no descomunal neoliberalismo necropolítico bolsonarista, no qual a economia das pessoas de bens joga sempre contra a vida dos descartáveis. Essa mentira do governo e a cínica sinceridade dos endinheirados[97] assentam-se em uma triste realidade para os mais pobres. Para estes, ficar em casa é um privilégio e não um direito. Com essa experiência de vida, dada a força da ideologia reacionária, ao invés de engrossar o coro da luta por conquista de direitos, entre muitos desses desvalidados estabelece-se a ideia de acabar com o que concebem como luxo inalcançável.

---

97. O Brasil somava mais de 100 mil casos de covid-19 e mais de 7 mil mortes e uma curva ascendente no dia anterior à seguinte declaração de Guilherme Benchimol, milionário e presidente da xp investimentos: "Acompanhando um pouco os nossos números, eu diria que o Brasil está bem. O pico da doença já passou quando a gente analisa a classe média, classe média alta. O desafio é que o Brasil é um país com muita comunidade, muita favela, o que acaba dificultando o processo todo. (...) É um desafio você pedir que a população inteira fique presa em casa. Um terço da população vive de diária e se não trabalhar hoje não vai comer, no máximo, na semana que vem. (...) Não me lembro do Brasil viver sem instabilidade política. Se não afetar a economia e as reformas continuarem avançando, a crise política não atrapalha, é muito mais um barulho de curto prazo. (...) Vamos continuar crescendo independente do cenário". Moura, Júlia. "Pico de Covid-19 nas classes altas já passou; o desafio é que o Brasil tem muita favela, diz presidente da xp", *Folha de S. Paulo*, 05 de maio de 2020.

Falso dilema e mentira, sinceridade cínica e experiência real encaminham-nos à concretização do propósito político da propaganda fascista: o de transformar pessoas em massas e conduzi-las a apoiar medidas que as oprimem, exploram e censuram. Para isso, a opção pela economia, em detrimento da vida, a segurança dos ricos e remediados e as limitações impostas às vidas dos pobres arrastam consigo outras crenças ou segredos: oculta-se a gravidade da crise sanitária. Omitem-se as alternativas para o que poderia ser efetivamente a salvação de vidas e da economia, como uma sólida e ampla ação do Estado brasileiro que garantisse renda e emprego até que a pandemia estivesse sob controle. O governo Bolsonaro, que pretendia conceder um auxílio emergencial no valor de R$ 200,00, repisa a ideia de que é impossível arcar com mais duas parcelas de R$ 600,00 a milhões de brasileiros que precisam desse dinheiro para sobreviver. Não cogita em hipótese alguma de outorgar o direito a uma renda básica universal. Dadas as injustiças da história brasileira, as crenças e a trajetória de Bolsonaro, suas ações, omissões e declarações, não há surpresa em sua aposta: lavar as mãos em uma bacia muito mais cheia com o sangue das vidas descartáveis do que com o das vidas protegidas.

Nas palavras de um artista brasileiro, eis o que nos ocorre nestes tempos:

A indiferença pela vida, o Brasil sempre teve. Não é criação bolsonarista. A gente sempre topou deixar muita gente morrer, tolerando o intolerável. Temos mais de 100 mil mortes ao ano que dava para dar um jeito, né? Agora, o grau de elaboração que isso tomou nos levou ao plano do inominável.[98]

---

98. Ramos, Nuno. "Elegemos o pior brasileiro entre 210 milhões". Entrevista concedida a Guilherme Amado para a revista *Época*, 17 de junho de 2020.

Ao compreensível e necessário pessimismo no diagnóstico, acrescentemos um relativo otimismo na ação. Uma ação não suficiente, mas necessária, nos parece ser esta de examinar as propriedades da linguagem de um neofascismo brasileiro, para mais bem compreendê-la, criticá-la e denunciá-la. Em suas histórias, tanto o que ela diz quanto suas maneiras de dizer buscam transformar o inominável em alternativa única e, assim, nos imobilizar nessa apoteose da necropolítica bolsonarista, nesse ápice do retrocesso em nosso cambaleante e contraditório processo civilizatório. A elaboração de nossa versão crítica dessas histórias que tornaram aceitável toda sorte de descaso com a vida humana é mais um passo na luta sem fim, mas cheia de propósitos, pela emancipação dos que sem tréguas continuam a ser acossados, oprimidos e excluídos. Seu suor, seu sangue e suas lágrimas continuam a jorrar aos borbotões entre nós, enquanto os dos remediados e abastados não pingam mais do que algumas gotas.

Carlos Piovezani

HEDRA EDIÇÕES

1. *Don Juan*, Molière
2. *Contos indianos*, Mallarmé
3. *Triunfos*, Petrarca
4. *O retrato de Dorian Gray*, Wilde
5. *A história trágica do Doutor Fausto*, Marlowe
6. *Os sofrimentos do jovem Werther*, Goethe
7. *Dos novos sistemas na arte*, Maliévitch
8. *Metamorfoses*, Ovídio
9. *Micromegas e outros contos*, Voltaire
10. *O sobrinho de Rameau*, Diderot
11. *Carta sobre a tolerância*, Locke
12. *Discursos ímpios*, Sade
13. *O príncipe*, Maquiavel
14. *Dao De Jing*, Lao Zi
15. *O fim do ciúme e outros contos*, Proust
16. *Pequenos poemas em prosa*, Baudelaire
17. *Fé e saber*, Hegel
18. *Joana d'Arc*, Michelet
19. *Livro dos mandamentos: 248 preceitos positivos*, Maimônides
20. *O indivíduo, a sociedade e o Estado, e outros ensaios*, Emma Goldman
21. *Eu acuso!*, Zola | *O processo do capitão Dreyfus*, Rui Barbosa
22. *Apologia de Galileu*, Campanella
23. *Sobre verdade e mentira*, Nietzsche
24. *O princípio anarquista e outros ensaios*, Kropotkin
25. *Os sovietes traídos pelos bolcheviques*, Rocker
26. *Poemas*, Byron
27. *Sonetos*, Shakespeare
28. *A vida é sonho*, Calderón
29. *Escritos revolucionários*, Malatesta
30. *Sagas*, Strindberg
31. *O mundo ou tratado da luz*, Descartes
32. *Fábula de Polifemo e Galateia e outros poemas*, Góngora
33. *A vênus das peles*, Sacher-Masoch
34. *Escritos sobre arte*, Baudelaire
35. *Cântico dos cânticos*, [Salomão]
36. *Americanismo e fordismo*, Gramsci
37. *O princípio do Estado e outros ensaios*, Bakunin
38. *Balada dos enforcados e outros poemas*, Villon
39. *Sátiras, fábulas, aforismos e profecias*, Da Vinci
40. *O cego e outros contos*, D.H. Lawrence
41. *Rashômon e outros contos*, Akutagawa
42. *História da anarquia (vol. 1)*, Max Nettlau
43. *Imitação de Cristo*, Tomás de Kempis

44. *O casamento do Céu e do Inferno*, Blake
45. *Flossie, a Vênus de quinze anos*, [Swinburne]
46. *Teleny, ou o reverso da medalha*, [Wilde et al.]
47. *A filosofia na era trágica dos gregos*, Nietzsche
48. *No coração das trevas*, Conrad
49. *Viagem sentimental*, Sterne
50. *Arcana Cœlestia* e *Apocalipsis revelata*, Swedenborg
51. *Saga dos Volsungos*, Anônimo do séc. XIII
52. *Um anarquista e outros contos*, Conrad
53. *A monadologia e outros textos*, Leibniz
54. *Cultura estética e liberdade*, Schiller
55. *Poesia basca: das origens à Guerra Civil*
56. *Poesia catalã: das origens à Guerra Civil*
57. *Poesia espanhola: das origens à Guerra Civil*
58. *Poesia galega: das origens à Guerra Civil*
59. *O pequeno Zacarias, chamado Cinábrio*, E.T.A. Hoffmann
60. *Entre camponeses*, Malatesta
61. *O Rabi de Bacherach*, Heine
62. *Um gato indiscreto e outros contos*, Saki
63. *Viagem em volta do meu quarto*, Xavier de Maistre
64. *Hawthorne e seus musgos*, Melville
65. *A metamorfose*, Kafka
66. *Ode ao Vento Oeste e outros poemas*, Shelley
67. *Feitiço de amor e outros contos*, Ludwig Tieck
68. *O corno de si próprio e outros contos*, Sade
69. *Investigação sobre o entendimento humano*, Hume
70. *Sobre os sonhos e outros diálogos*, Borges | Osvaldo Ferrari
71. *Sobre a filosofia e outros diálogos*, Borges | Osvaldo Ferrari
72. *Sobre a amizade e outros diálogos*, Borges | Osvaldo Ferrari
73. *A voz dos botequins e outros poemas*, Verlaine
74. *Gente de Hemsö*, Strindberg
75. *Senhorita Júlia e outras peças*, Strindberg
76. *Correspondência*, Goethe | Schiller
77. *Poemas da cabana montanhesa*, Saigyō
78. *Autobiografia de uma pulga*, [Stanislas de Rhodes]
79. *A volta do parafuso*, Henry James
80. *Ode sobre a melancolia e outros poemas*, Keats
81. *Carmilla – A vampira de Karnstein*, Sheridan Le Fanu
82. *Pensamento político de Maquiavel*, Fichte
83. *Inferno*, Strindberg
84. *Contos clássicos de vampiro*, Byron, Stoker e outros
85. *O primeiro Hamlet*, Shakespeare
86. *Noites egípcias e outros contos*, Púchkin
87. *Jerusalém*, Blake
88. *As bacantes*, Eurípides

89. *Emília Galotti*, Lessing
90. *Viagem aos Estados Unidos*, Tocqueville
91. *Émile e Sophie ou os solitários*, Rousseau
92. *Manifesto comunista*, Marx e Engels
93. *A fábrica de robôs*, Karel Tchápek
94. *Sobre a filosofia e seu método — Parerga e paralipomena (v. II, t. I)*, Schopenhauer
95. *O novo Epicuro: as delícias do sexo*, Edward Sellon
96. *Revolução e liberdade: cartas de 1845 a 1875*, Bakunin
97. *Sobre a liberdade*, Mill
98. *A velha Izerguil e outros contos*, Górki
99. *Pequeno-burgueses*, Górki
100. *Primeiro livro dos Amores*, Ovídio
101. *Educação e sociologia*, Durkheim
102. *A nostálgica e outros contos*, Papadiamántis
103. *Lisístrata*, Aristófanes
104. *A cruzada das crianças/ Vidas imaginárias*, Marcel Schwob
105. *O livro de Monelle*, Marcel Schwob
106. *A última folha e outros contos*, O. Henry
107. *Romanceiro cigano*, Lorca
108. *Sobre o riso e a loucura*, [Hipócrates]
109. *Hino a Afrodite e outros poemas*, Safo de Lesbos
110. *Anarquia pela educação*, Élisée Reclus
111. *Ernestine ou o nascimento do amor*, Stendhal
112. *Odisseia*, Homero
113. *O estranho caso do Dr. Jekyll e Mr. Hyde*, Stevenson
114. *História da anarquia (vol. 2)*, Max Nettlau
115. *Sobre a ética — Parerga e paralipomena (v. II, t. II)*, Schopenhauer
116. *Contos de amor, de loucura e de morte*, Horacio Quiroga
117. *Memórias do subsolo*, Dostoiévski
118. *A arte da guerra*, Maquiavel
119. *Elogio da loucura*, Erasmo de Rotterdam
120. *Oliver Twist*, Dickens
121. *O ladrão honesto e outros contos*, Dostoiévski
122. *Sobre a utilidade e a desvantagem da história para a vida*, Nietzsche
123. *Édipo Rei*, Sófocles
124. *Fedro*, Platão
125. *A conjuração de Catilina*, Salústio
126. *O chamado de Cthulhu*, H. P. Lovecraft

METABIBLIOTECA

1. *O desertor*, Silva Alvarenga
2. *Tratado descritivo do Brasil em 1587*, Gabriel Soares de Sousa
3. *Teatro de êxtase*, Pessoa

4. *Oração aos moços*, Rui Barbosa
5. *A pele do lobo e outras peças*, Artur Azevedo
6. *Tratados da terra e gente do Brasil*, Fernão Cardim
7. *O Ateneu*, Raul Pompeia
8. *História da província Santa Cruz*, Gandavo
9. *Cartas a favor da escravidão*, Alencar
10. *Pai contra mãe e outros contos*, Machado de Assis
11. *Iracema*, Alencar
12. *Auto da barca do Inferno*, Gil Vicente
13. *Poemas completos de Alberto Caeiro*, Pessoa
14. *A cidade e as serras*, Eça
15. *Mensagem*, Pessoa
16. *Utopia Brasil*, Darcy Ribeiro
17. *Bom Crioulo*, Adolfo Caminha
18. *Índice das coisas mais notáveis*, Vieira
19. *A carteira de meu tio*, Macedo
20. *Elixir do pajé — poemas de humor, sátira e escatologia*, Bernardo Guimarães
21. *Eu*, Augusto dos Anjos
22. *Farsa de Inês Pereira*, Gil Vicente
23. *O cortiço*, Aluísio Azevedo
24. *O que eu vi, o que nós veremos*, Santos-Dumont

«SÉRIE LARGEPOST»

1. *Dao De Jing*, Lao Zi
2. *Escritos sobre literatura*, Sigmund Freud
3. *O destino do erudito*, Fichte
4. *Diários de Adão e Eva*, Mark Twain
5. *Diário de um escritor (1873)*, Dostoiévski

«SÉRIE SEXO»

1. *A vênus das peles*, Sacher-Masoch
2. *O outro lado da moeda*, Oscar Wilde
3. *Poesia Vaginal*, Glauco Mattoso
4. *Perversão: a forma erótica do ódio*, Stoller
5. *A vênus de quinze anos*, [Swinburne]
6. *Explosao: romance da etnologia*, Hubert Fichte

COLEÇÃO «QUE HORAS SÃO?»

1. *Lulismo, carisma pop e cultura anticrítica*, Tales Ab'Sáber
2. *Crédito à morte*, Anselm Jappe

3. *Universidade, cidade e cidadania*, Franklin Leopoldo e Silva
4. *O quarto poder: uma outra história*, Paulo Henrique Amorim
5. *Dilma Rousseff e o ódio político*, Tales Ab'Sáber
6. *Descobrindo o Islã no Brasil*, Karla Lima
7. *Michel Temer e o fascismo comum*, Tales Ab'Sáber
8. *Lugar de negro, lugar de branco?*, Douglas Rodrigues Barros
9. *Racismo, machismo, capitalismo identitário*, Pablo Polese
10. *A linguagem fascista*, Carlos Piovezani e Emilio Gentile

COLEÇÃO «ARTECRÍTICA»

1. *Dostoiévski e a dialética*, Flávio Ricardo Vassoler
2. *O renascimento do autor*, Caio Gagliardi
3. *O homem sem qualidades à espera de Godot*, Robson de Oliveira

«NARRATIVAS DA ESCRAVIDÃO»

1. *Incidentes da vida de uma escrava*, Harriet Jacobs
2. *Nascidos na escravidão: depoimentos norte-americanos*, WPA
3. *Narrativa de William W. Brown, escravo fugitivo*, William Wells Brown

COLEÇÃO «WALTER BENJAMIN»

1. *O contador de histórias e outros textos*, Walter Benjamin
2. *Diário parisiense e outros escritos*, Walter Benjamin

Adverte-se aos curiosos que se imprimiu este livro em nossas oficinas, em 20 de novembro de 2020, em tipologia Libertine, com diversos sofwares livres, entre eles, LuaLaTeX, git & ruby.